초등학생

스스로 생각하는

코딩수학

CODING

윤경란, 이휴환, 노은혜, 김종진, 황병욱, 오승균

미래융합연구원

왜 엔트리를 배울까요?

TV에서 채널을 예약 녹화하는 메뉴를 선택하여 명령을 입력하고, MP3에서 재생할 목록의 순서를 정하는 명령을 입력하는 것들이 컴퓨터에게 명령을 내리는 일종의 코딩입니다. 우리가 일상생활을 하려면 말하기, 읽기, 쓰기가 필요하듯이 앞으로의 생활에서는 이러한 코딩이 확대되고 복잡해지고 일상화되어 현재의 말하기, 읽기, 쓰기처럼 보편적인 모습이 될 것입니다.

문제를 해결하기 위한 방법을 순서대로 나열한 것을 알고리즘이라고 합니다. 컴퓨터를 이용하여 문제를 해결하기 위해서는 알고리즘을 컴퓨터 명령어를 이용하여 코드로 옮기는 '코딩'을 할 수 있어야 합니다. 코딩은 컴퓨터를 이용하여 문제를 해결하기 위해 생각하는 방법을 알려줍니다.

● 칫솔질 알고리즘

1. 칫솔을 잡아!
2. 치약을 잡아!
3. 치약 뚜껑을 열어!
4. 치약을 칫솔에 짜!
5. 칫솔을 입안에 넣어!
6. 칫솔을 위아래로 왔다갔다 하면서 닦아!

● 컴퓨터 블록 코딩

```
오브젝트를 클릭했을 때
금리▼ 를 (금리▼ 값 / 100) 로 정하기
중간값▼ 를 1 로 정하기
기간▼ 값 번 반복하기
    중간값▼ 를 (중간값▼ 값 × (1 + 금리▼ 값)) 로 정하기
금액▼ 를 (원금▼ 값 × 중간값▼ 값) 로 정하기
계산 완료▼ 신호 보내기
```

　사람은 작은 영역의 간단한 문제는 해결할 수 있지만 문제의 영역이 커지고 복잡해지면 해결하는 데 한계가 있습니다. 큰 소수(prime number)를 구하는 문제를 생각해 보겠습니다.

[소수의 정의]
양의 약수가 1과 자기 자신뿐인 1보다 큰 자연수를 의미한다.

　소수는 컴퓨터에서 보안을 위해 암호화 작업을 할 때 꼭 필요한 수입니다. 매우 큰 소수를 알고 있다면 보안이 더욱 강화된 암호화 작업을 할 수 있습니다.
　사람이 손으로 계산을 해서 얼마나 큰 소수를 구할 수 있을까요?
　컴퓨터로 소수를 찾기 전까지 사람이 찾은 가장 큰 소수는 에두아르 뤼카가 발견한 $(2^{127}-1)$입니다. 그러나 컴퓨터를 이용해서 큰 소수를 찾기 시작하면서 현재까지 알려진 가장 큰 소수는 2018년에 발견한 2324만 9425자리입니다. 이 숫자는 $(2^{77,232,917}-1)$이라는 매우 큰 값이며, 그 수를 모두 다 적는 데에도 큰 공간이 필요합니다. 6000개 자릿수를 한 페이지에 빼곡하게 담더라도, 이 숫자를 다 기록하려면 무려 3875페이지나 필요합니다.

사람이 찾은 가장 큰 소수　　　**컴퓨터가 찾은 가장 큰 소수**

$$2^{127}-1$$　　　$$2^{77,232,917}-1$$

사람이 해결하기 어려운 많은 일을 이제는 컴퓨터의 도움을 받아 해결할 수 있게 되었습니다.

블록 프로그램은 이해하기 어려운 코딩 문법을 배제하고 접근성이 좋은 그래픽 블록을 사용하여 누구나 쉽고 간단하게 드래그 앤 드롭 방식으로 코딩을 할 수 있어 소프트웨어가 작동하는 원리나 알고리즘을 이해할 수 있게 해 줍니다.

엔트리는 블록 프로그램의 한 종류로 우리나라의 사용 환경에 적합하게 개발되어 누구나 쉽게 학습할 수 있도록 되어 있습니다.

만들고 싶은 것을 상상하고 그림으로 표현한 다음 그림을 움직이고 표현할 수 있는 다양한 블록들을 차곡차곡 쌓아서 원하는 결과를 만들 수 있습니다.

엔트리의 화면 구성을
알아볼까요?

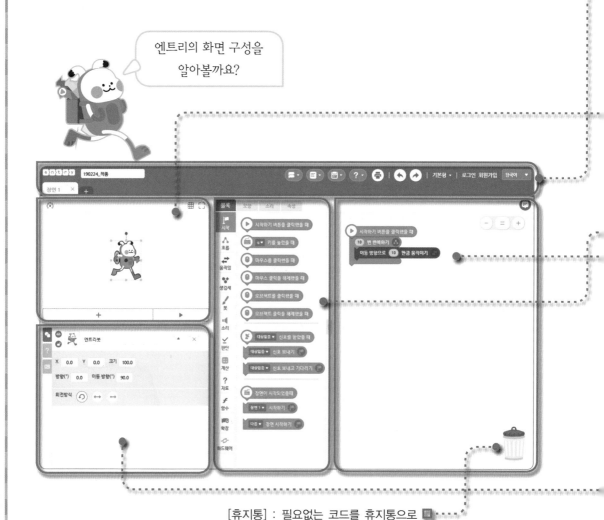

[휴지통] : 필요없는 코드를 휴지통으로 🗑
끌고와 삭제할 수 있습니다.

■ 상단 메뉴

작품 이름 변경, 언어 선택(프로그래밍), 파일, 저장하기, 도움말, 인쇄, 입력 취소, 다시 실행, 모드 변경, 내 정보, 언어 변경을 할 수 있습니다.

■ 실행 화면

◔ [속도 조절] : 작품이 실행되는 속도를 다섯 단계로 조절할 수 있습니다.

⊞ [모눈종이] : 실행 화면 위에 좌표를 표시합니다. 좌표는 x축(가로축) 방향으로 −240~240, y축(세로축) 방향으로 −135~135로 이루어집니다.

⌟⌞ [전체 화면] : 작품을 전체 화면으로 크게 볼 수 있습니다.

✚ [오브젝트 추가하기] : 새로운 오브젝트(캐릭터, 배경, 글상자)를 추가합니다.

▶ [시작하기] : 블록 조립소에서 조립한 명령에 따라 작품의 실행을 시작/정지합니다.

■ 오브젝트 목록

오브젝트의 이름, 보이기/감추기, 잠금/해제, X 좌표, Y 좌표, 크기, 방향, 이동 방향, 회전 방식 등의 정보를 확인하고 변경할 수 있으며 오브젝트를 삭제할 수 있습니다.

■ 블록 꾸러미

블록 꾸러미는 블록, 모양, 소리, 속성의 네 가지 탭으로 이루어져 있습니다.

[블록] : 오브젝트를 움직일 수 있는 다양한 명령어 블록들이 있는 곳으로, 시작, 흐름, 움직임 등 11개 카테고리에 140여 개의 블록들이 있습니다. 블록들을 블록 조립소로 끌어 조립할 수 있습니다.

[모양] : 오브젝트의 모양을 추가하거나 이름을 수정하고 복제할 수 있습니다.

[소리] : 오브젝트가 내는 소리를 관리하는 탭으로 새롭게 소리를 추가하거나 추가된 소리를 재생버튼을 이용해서 들어볼 수 있습니다.

[속성] : 코드와 연관된 변수, 신호, 리스트, 함수 등을 추가할 수 있습니다.

■ 블록 조립소

블록 꾸러미에서 블록을 끌어와 블록 조립소에서 조립할 수 있다. 이렇게 조립된 블록 묶음을 코드라고 합니다.

차 례

1 계산기를 만들어 봅시다

사칙연산

❶ 수학으로 풀자

❷ 코딩으로 풀자

빵이는 가장 빠른 우주선인 헬리오스 우주선에 대해서 알게 되었어요. 헬리오스 우주선은 현재까지 개발된 우주선 중에서 가장 빨라요. 시간당 무려 25만km를 날아갈 수 있어요. 빵이는 이 우주선을 타고 날아간다면 태양까지 얼마나 걸리는지 궁금해졌어요.

또 헬리오스 우주선을 타고 태양계에서 가장 가까운 별인 '리길 켄타우루스'까지 가려면 얼마나 걸리는지 궁금해졌어요. 리킬 켄타우르스는 지구에서 4.3 광년 떨어져 있다고 해요. **그래서 빵이는 계산을 해보기로 했어요**(1광년은 9460000000000km).

헬리오스 우주선을 타고
태양까지 가려면 얼마나 걸릴까?
가장 가까운 별까지는 얼마나 걸릴까?

수학으로 풀자

헬리오스 우주선이 태양까지 가는 데 걸리는 시간을 계산해 볼까요?

 풀어 볼까요?

• 지구에서 태양까지의 거리 : 1억 5000만km
• 헬리오스 우주선의 속력 : 시간당 25만km = 25만km/h

여기서 꼭 알아야 할 공식은 $\dfrac{거리}{속력}$ = 시간 입니다.

헬리오스 우주선이 태양까지 가는 데 걸리는 시간을 알기 위해서는 우선 거리를 속력으로 나눠야 해요. 그러면 식은 다음과 같습니다.

1억5000만km ÷ 25만km/h = 헬리오스 우주선이 태양까지 가는 데 걸리는 시간

식을 쓰고 계산하여 볼까요?

식 _____

답 _____

이번에는 헬리오스 우주선이 리킬 켄타우르스까지 가는 데 걸리는 시간을 계산해 볼까요? 리킬 켄타우르스는 지구에서 4.3 광년 떨어져 있습니다.

풀어 볼까요?

- 지구에서 리킬 켄타우르스까지의 거리 : 4.3 광년
  (1광년은 9460000000000km)
- 헬리오스 우주선의 속도 : 시간당 25만km

계산을 하기 위해서는 먼저 단위를 똑같이 만들어 주어야 해요. 그래서 광년의 단위를 km로 바꾸면 다음과 같아요.

4.3광년×946000000000km = 4067800000000km

거리를 km로 바꿨으니 이제 헬리오스 우주선의 속력을 이용하여 시간을 구해 볼까요?

식을 쓰고 계산하여 볼까요?

식 _____

답 _____

코딩으로 풀자

문제 　빵이는 너무 큰 숫자의 계산이 힘들어서 계산기를 이용하기로 했어요. 그런데 숫자가 너무 커서 계산기로도 계산이 되지 않았어요.

 큰 숫자를 계산할 수 있는 계산기를 만들어 봅시다.

1 변수 설정하기

　우리가 사용하는 계산기는 3×7, 34+57 등 다양한 계산을 쉽게 해 낼 수 있습니다. 이렇게 계산기를 엔트리에서 만들기 위해서는 '변수'*라는 개념을 알아야 합니다. 방금 설명한 곱셈이나 덧셈에서 3, 7, 34, 57 등을 변수라고 말할 수 있습니다. 엔트리에서는 속성 탭에서 변수를 설정해 주어야 합니다. 즉, 우리가 계산기에서 입력하는 숫자 값을 의미합니다.

*변수: 여러 가지 값으로 변할 수 있는 수

① 엔트리 장면에서 '속성' 탭에 들어갑니다.

② '+ 변수추가'를 눌러 '첫번째숫자', '두번째숫자', '계산결과'를 입력합니다.

③ 프로그램 완성 시 각각의 변수들은 계산기에 입력하는 숫자와 결과가 됩니다.

'두번째숫자'는 사용자가 입력하는 두 번째 숫자가 됩니다.

'첫번째숫자'는 사용자가 입력하는 첫 번째 숫자가 됩니다.

---

❷ 오브젝트 추가하기

블록을 조합하기 전 오브젝트*를 추가하여 프로그램이 실행되는 작동 환경을 만들어 봅시다. 엔트리에서는 오브젝트를 움직이거나 소리를 재생하거나 계산을 하거나 묻고 대답하는 등 다양하게 명령을 내릴 수 있습니다.

엔트리에서는 기본적으로 그림을 통해 오브젝트를 제공하고 있고 사용자가 직접 그려서 오브젝트를 만들 수도 있습니다.

*오브젝트: 명령을 수행하게 되는 대상을 의미합니다. 프로그램을 만드는 사람은 오브젝트를 화면에 띄우고 코딩을 통해 오브젝트가 작동하도록 명령하는 것입니다.

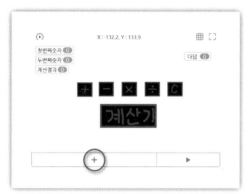

① 엔트리 만들기 화면 왼쪽 아래에서 +를 눌러 오브젝트를 추가해 주세요.

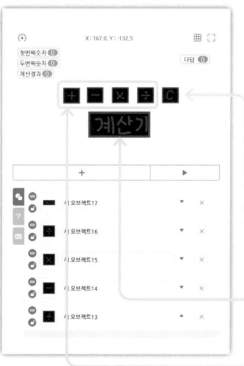

② 오브젝트 추가 화면에서는 엔트리에서 제공하는 그림, 만드는 사람이 직접 올리는 그림 파일, 직접 그리기, 글상자를 선택할 수 있습니다.

계산기 기호들을 직접 그려서 사용해 보도록 하겠습니다. '계산기', '+', '−', '×', '÷', 'C' 오브젝트를 추가합니다.

'C' 오브젝트: 초기화하는 명령을 수행합니다.

'계산기' 오브젝트: '첫번째숫자', '두번째숫자' 변수를 물어보는 역할을 합니다.

'+', '−', '×', '÷', 'C' 오브젝트: 각각의 계산을 수행하는 명령어를 넘습니다.

오브젝트를 직접 그려보기

➡ '오브젝트 추가하기'에서
'새로그리기'를 선택하면
오브젝트를 엔트리에서
그려서 만들 수 있습니다.

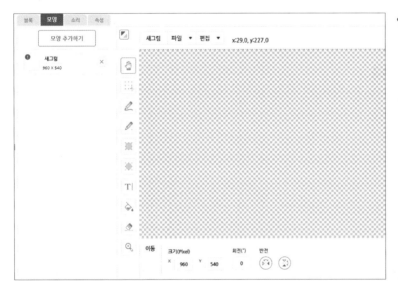

➡ 그리기 화면에서는 도형
을 그리거나 연필을 이용
하여 글을 쓰거나 그림을
그릴 수 있습니다.

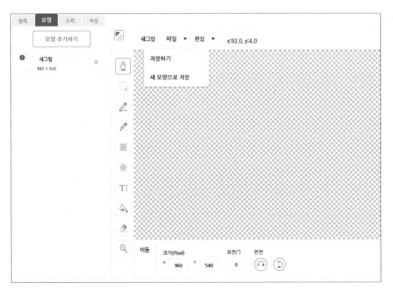

➡ 오브젝트를 다 그린 후 위
쪽의 파일에서 '저장하기'
를 누르면 오브젝트가 저
장되고 편집 화면에 추가
됩니다.

❸ 코딩을 위한 블록 알아보기

(1) 계산기 블록 알아보기

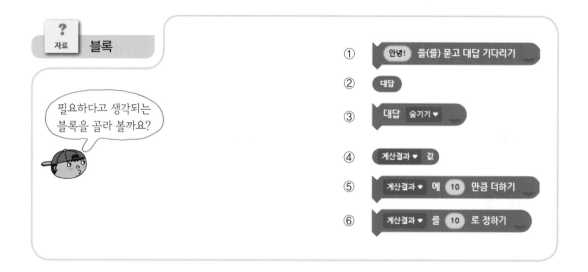

➔ '계산기' 오브젝트를 선택합니다. 각각의 오브젝트는 각기 다른 역할을 수행합니다. '계산기' 오브젝트는 계산에 필요한 첫 번째, 두 번째 숫자를 묻고 답하는 역할을 수행합니다.

➔ '자료' 탭 위, '시작' 탭에서 '시작하기 버튼을 클릭했을 때'를 선택합니다. 다음 '자료' 탭에서 1번, 6번, 2번을 선택하여 보기와 같이 조합합니다. 실제 프로그램 구동 시 질문들과 대답은 미리 설정했던 변수를 통해 화면에 보이게 됩니다.

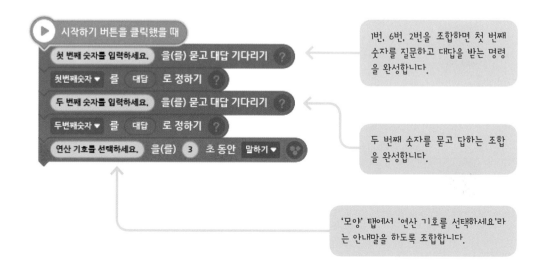

(2) 계산 기호 블록 완성하기

각각의 오브젝트를 클릭한 다음 아래의 코딩을 입력해 줍니다. 오브젝트를 통해 코딩한 내용이 표현됩니다. 오브젝트를 클릭하거나, 클릭을 해제했을 때와 같은 상황들을 통해 코딩 명령어를 받아들이고 명령을 수행하는 것이 바로 가장 기본적인 코딩의 시작입니다.

계산 기호 블록은 자료와 수식 블록을 결합하여 완성합니다.

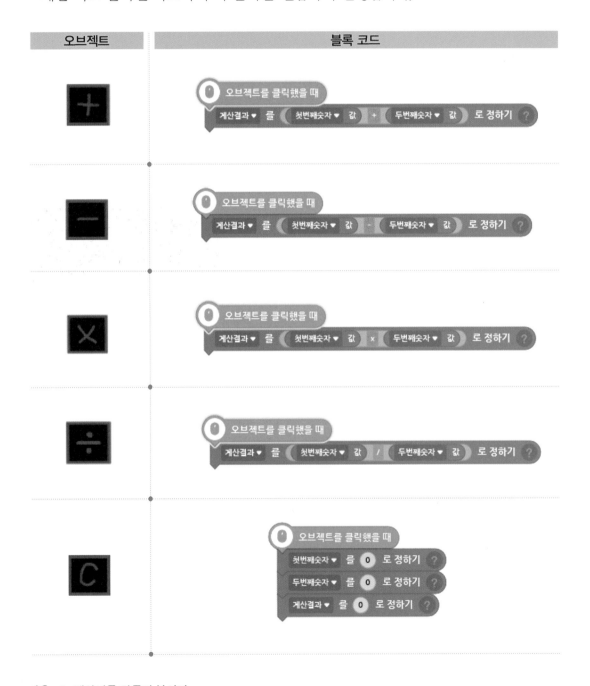

4 완성한 블록 배열하기

완성된 계산 블록의 모습은 다음과 같습니다.

오브젝트	블록 코드
계산기 새 오브젝트 17	시작하기 버튼을 클릭했을 때 첫 번째 숫자를 입력하세요. 을(를) 묻고 대답 기다리기 첫번째숫자 ▼ 를 대답 로 정하기 두 번째 숫자를 입력하세요. 을(를) 묻고 대답 기다리기 두번째숫자 ▼ 를 대답 로 정하기 연산 기호를 선택하세요. 을(를) 3 초 동안 말하기 ▼
+ 새 오브젝트 16	오브젝트를 클릭했을 때 계산결과 ▼ 를 (첫번째숫자 ▼ 값 + 두번째숫자 ▼ 값) 로 정하기
— 새 오브젝트 15	오브젝트를 클릭했을 때 계산결과 ▼ 를 (첫번째숫자 ▼ 값 - 두번째숫자 ▼ 값) 로 정하기
× 새 오브젝트 14	오브젝트를 클릭했을 때 계산결과 ▼ 를 (첫번째숫자 ▼ 값 x 두번째숫자 ▼ 값) 로 정하기
÷ 새 오브젝트 13	오브젝트를 클릭했을 때 계산결과 ▼ 를 (첫번째숫자 ▼ 값 / 두번째숫자 ▼ 값) 로 정하기
C 새 오브젝트 11	오브젝트를 클릭했을 때 첫번째숫자 ▼ 를 0 로 정하기 두번째숫자 ▼ 를 0 로 정하기 계산결과 ▼ 를 0 로 정하기

2 음악의 빠르기는 수로 표현할 수 있을까요?

분수와 소수

1 수학으로 풀자

2 코딩으로 풀자

메트로놈의 원리를 알아볼까?

음악 시간이 끝난 뒤 빠르기가 잘 맞지 않았던 것을 기억한 빵이는 메트로놈을 이용해 같은 빠르기로 연습을 해 오자고 제안했어요.

그런데 메트로놈이 무엇인지 잘 모르는 친구들도 있었고 메트로놈이 없는 친구들도 있었어요. 그래서 빵이는 우선 박자를 맞출 수 있는 메트로놈의 원리를 친구들에게 설명해 주고 박자를 맞춰 보자고 했어요. **친구들과 빵이는 박자를 맞출 수 있을까요?**

난 메트로놈이 없는데…

수학으로 풀자

메트로놈의 원리를 공부해 봅시다. 메트로놈이란 악곡의 빠르기를 재는 기계를 말해요. 시계추가 흔들리는 원리를 응용하여 만든 것으로 1812년에 네덜란드의 빙켈이 처음 발명하였습니다. 그 후 1816년 독일의 멜첼이 더 좋게 고쳐 낸 것이 우리가 지금 사용하고 있는 메트로놈입니다.

사용하는 방법은 악보에 써 있는 숫자를 메트로놈에 맞추면 됩니다. 만약 곡 처음에 M.M.♩(BPM)=96 또는 ♩=96으로 표시되어 있다면 ♩(사분음표)를 1분 동안에 96개 셀 수 있는 빠르기라는 뜻이며, 메트로놈 추의 위치를 96으로 옮겨서 맞추면 됩니다.

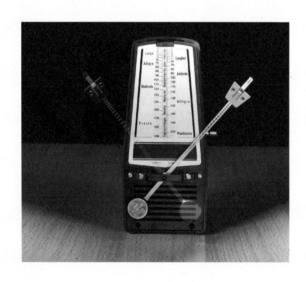

*BPM : 분당 비트(Beats Per Minute). 여기서 비트는 4분 음표를 가리키며, 1분에 사분음표를 몇 번 치는가를 의미함.

빠르기표

빠르기	BPM	의미
아다지오(adagio)	60	적당히 느리게
안단테(andante)	66	걷는 빠르기
모데라토(moderato)	88	보통 빠르기
알레그로(allegro)	132	빠르게
프레스토(presto)	184	아주 빠르게

아다지오의 빠르기에서 메트로놈은 몇 초에 한 번씩 소리가 날까요?

아다지오의 빠르기는 1분에 ♩(4분 음표)를 60번 표현하는 속도입니다. 그러므로 1분은 60초니까 60번을 60초로 나누면 1초에 1번 메트로놈에서 소리가 납니다.

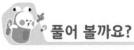 **풀어 볼까요?**

다음 빠르기표의 곡들은 몇 초에 한 번씩 소리가 나야 할까요?
(소수는 소수점 3번째 자리에서 반올림합니다.)

andante	66	분수	$\frac{60}{66} = \frac{10}{11}$
		소수	0.91
moderato	88	분수	
		소수	
allegro	132	분수	
		소수	
presto	184	분수	
		소수	

곡의 빠르기에 따라서 메트로놈을 설정하면 각각 다른 속도로 연주하게 됩니다.

그렇다면 빵이와 친구들은 모데라토의 곡을 연습하기 위해서 몇 초에 한 번씩 울리도록 박자를 맞추어야 할까요?

 풀어 볼까요?

$\frac{4}{4}$ 박자의 곡을 모데라토 빠르기로 연습하기 위해서는 어떻게 해야 할까요?

(1) 모데라토 빠르기는 1분에 ♩(사분음표)를 88번 표현해야 합니다. 그렇다면 한 박자는 몇 초를 기준으로 연주해야 할까요?

(2) 한 마디를 연주한다고 할 때 약 몇 초의 시간이 필요할까요? $\frac{4}{4}$ 박자의 한 마디는 4분음표를 4번 연주하는 시간을 의미합니다.

코딩으로 풀자

문제 빵이와 친구들은 메트로놈의 원리를 공부했어요.

모데라토의 곡을 연습할 수 있는 메트로놈을 만들어 봅시다.

1 변수 설정하기

메트로놈 만들기에서는 bpm의 값에 따라서 메트로놈의 빠르기가 변하게 됩니다. 그러므로 값이 변하는 bpm을 변수로 설정해야 합니다.

① 엔트리 장면에서 '속성' 탭에 들어갑니다.
② '+ 변수추가'를 눌러 'bpm'을 입력합니다.
③ 프로그램 완성 시 'bpm' 변수를 이용하여 메트로놈의 빠르기를 변경할 수 있습니다.

2 오브젝트 추가하기

블록을 조합하기 전 오브젝트를 추가하여 프로그램이 실행되는 배경을 만들어 봅시다.

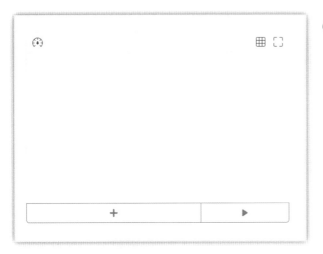

① 엔트리 만들기 화면 왼쪽 아래에서 +를 눌러 오브젝트를 추가해 주세요.

② 오브젝트 추가 화면에서는 엔트리에서 제공하는 그림, 만드는 사람이 직접 올리는 그림 파일, 직접 그리기, 글상자를 선택할 수 있습니다.

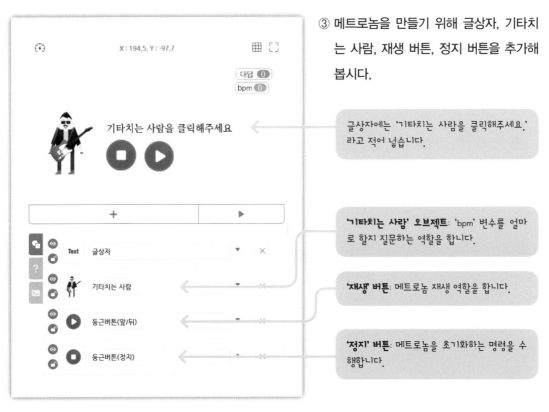

③ 메트로놈을 만들기 위해 글상자, 기타치는 사람, 재생 버튼, 정지 버튼을 추가해 봅시다.

글상자에는 '기타치는 사람을 클릭해주세요.' 라고 적어 넣습니다.

'기타치는 사람' 오브젝트: 'bpm' 변수를 얼마로 할지 질문하는 역할을 합니다.

'재생' 버튼: 메트로놈 재생 역할을 합니다.

'정지' 버튼: 메트로놈을 초기화하는 명령을 수행합니다.

3 코딩을 위한 블록 알아보기

(1) '기타치는 사람' 블록 알아보기

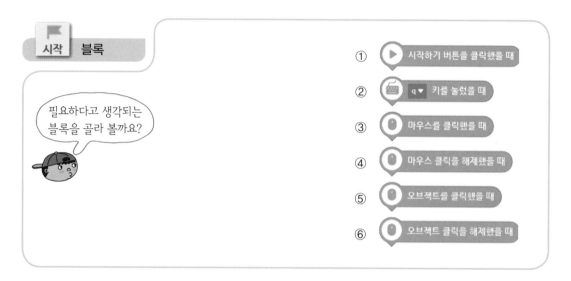

➡ '기타치는 사람' 오브젝트에서는 'BPM을 몇으로 하시겠습니까?' 의 질문을 수행하는 역할을 하게 됩니다. 블록을 넣기 전에 먼저 '기타치는 사람' 오브젝트를 클릭해 봅시다.

➡ 5번을 선택하여 블록을 조합하는 공간으로 드래그합니다.

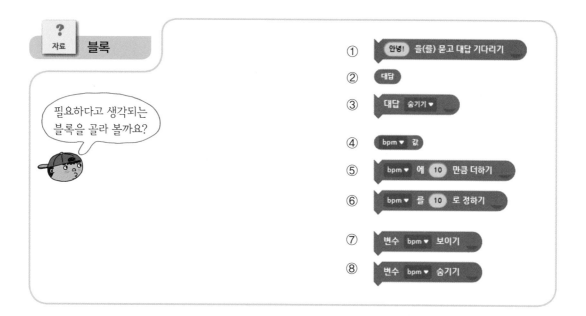

자료 **블록**

필요하다고 생각되는
블록을 골라 볼까요?

① 안녕! 을(를) 묻고 대답 기다리기
② 대답
③ 대답 숨기기 ▾
④ bpm ▾ 값
⑤ bpm ▾ 에 10 만큼 더하기
⑥ bpm ▾ 를 10 로 정하기
⑦ 변수 bpm ▾ 보이기
⑧ 변수 bpm ▾ 숨기기

➔ 1번 블록의 '안녕' 탭을 클릭한 뒤 이처럼 블록을 변형하여
봅시다.

BPM을 몇으로 하시겠습니까? 을(를) 묻고 대답 기다리기 ?

'bpm을 몇으로 하시겠습니까?'
내용 넣기

➔ 2번 + 6번 블록을 조합하여 다음과 같이 만들어 봅시다.

bpm ▾ 를 대답 로 정하기 ?

대답값이 앞에서 먼저 설정하였던 변수 'bpm'값이 됩니다.

➔ 3번을 조합하여 다음과 같이 완성해 봅시다.

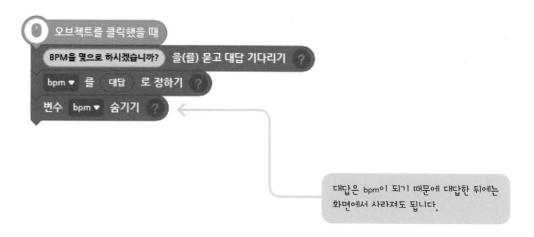

오브젝트를 클릭했을 때
BPM을 몇으로 하시겠습니까? 을(를) 묻고 대답 기다리기 ?
bpm ▾ 를 대답 로 정하기 ?
변수 bpm ▾ 숨기기 ?

대답은 bpm이 되기 때문에 대답한 뒤에는
화면에서 사라져도 됩니다.

(2) '재생' 블록 알아보기

➔ '재생' 버튼에서는 입력된 bpm에 맞게 소리가 나와야 합니다. '재생' 오브젝트를 클릭합니다.

➔ 엔트리 장면에서 '소리' 탭에 들어가 소리 추가를 합니다. 다양한 예시 자료가 있습니다. '드럼 크래쉬 심벌'을 선택합니다.

➔ 1번 드럼 크래쉬 심벌 재생하기를 선택합니다.

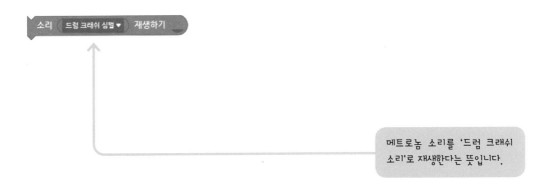

➜ 3번을 선택하고 소리 블록 1번을 안쪽에 넣어 줍니다.

➜ 1번을 선택한 뒤 '계산' 탭에서 나누기를 선택하여 60/bpm 변수로 설정해 줍니다.

➜ 흐름 블록 1번, 3번 소리 블록 1번, 계산 블록 나누기, 변수 bpm을 조합하여 재생 버튼을 완성합니다.

2. 음악의 빠르기는 수로 표현할 수 있을까요? **27**

(3) '정지' 블록 알아보기

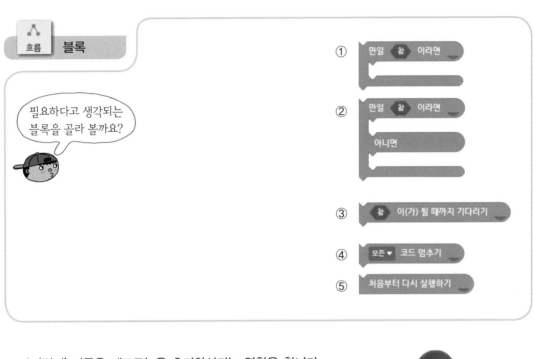

➜ '정지' 버튼은 메트로놈을 초기화시키는 역할을 합니다. '정지' 버튼에 명령어를 입력하기 위해 '정지' 버튼을 클릭합니다.

➜ 5번 흐름 블록을 선택합니다.

➜ 시작 블록과 흐름 블록을 조합하여 다음과 같이 완성합니다.

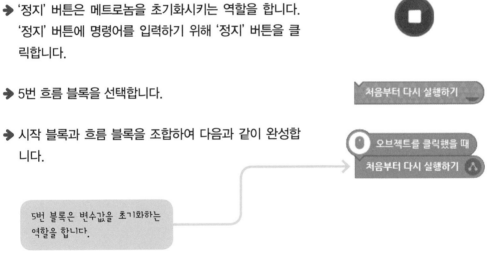

❹ 완성한 블록 배열하기

지금까지 알아본 블록을 순서에 맞게 배열하여 봅시다.

오브젝트	블록 코드
기타치는 사람을 클릭해주세요 글상자	
기타치는 사람	오브젝트를 클릭했을 때 BPM을 몇으로 하시겠습니까? 을(를) 묻고 대답 기다리기 bpm ▼ 를 대답 로 정하기 변수 bpm ▼ 숨기기
둥근버튼(앞/뒤)	오브젝트를 클릭했을 때 계속 반복하기 소리 드럼 크래쉬 심벌 ▼ 재생하기 60 / bpm ▼ 값 초 기다리기
둥근버튼(정지)	오브젝트를 클릭했을 때 처음부터 다시 실행하기

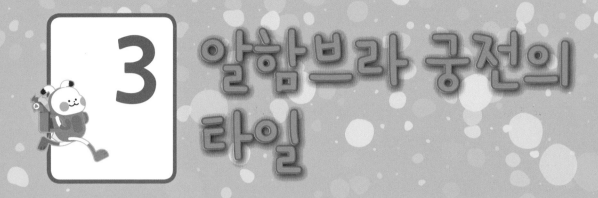

3 알함브라 궁전의 타일

빵이는 지난 여름 가족과 함께 스페인 여행을 다녀왔어요. 그중에서도 스페인 남부 그라나다에 있는 알함브라 궁전이 인상 깊었어요. 궁전의 벽면을 똑같은 무늬들이 끊임없이 반복되며 빈틈없이 채우고 있었어요. 정말 신기하고 아름다운 무늬였어요.

우와~ 정말 예쁘다. 이런 무늬를 어떻게 만들 수 있었을까요?

건물 안쪽, 바깥쪽 전부 이렇게 아름답게 만들려면 수학 공부를 정말 많이 했겠구나.

수학이요? 미술이 아니구요?

건물 무늬를 자세히 살펴보렴. 무늬나 도형이 반복되지 않니? 규칙이 있는 거야.

규칙성

❶ 수학으로 풀자

❷ 코딩으로 풀자

빵이는 자신의 방도 이러한 무늬로 꾸미고 싶어졌어요.
빵이는 어떤 도형들로 무늬를 만들어야 반복되면서 빈
틈없이 채워지는지 궁금해졌어요.
벽을 꾸미기 위해 빵이는 어떻게 해야 할까요?

내 방도
알함브라 궁전처럼
멋지게 꾸며 보고 싶어!

수학으로 풀자

테셀레이션은 같은 모양의 도형들을 서로 겹치거나 틈이 생기지 않게 배열하여 평면을 덮는 것을 말합니다. 우리 주변에서는 욕실 타일이나, 포장지, 궁궐의 단청, 보도블록, 벽지 등에서 볼 수 있습니다.

테셀레이션이 가능한 도형은 정삼각형, 정사각형, 정육각형입니다. 정오각형이나 원과 같은 도형은 빈틈이 생기거나 겹치게 되어 테셀레이션이 가능하지 않습니다. 하지만 이런 도형도 다른 여러 도형과 함께 반복되는 무늬를 만들 수는 있습니다.

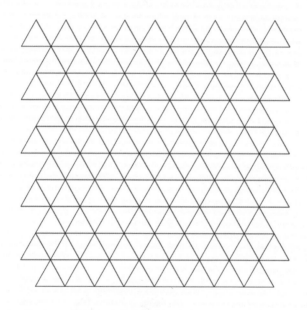

알함브라 궁전 모습처럼 반복되는 패턴을 그리기 전에 간단하게 벽면을 채울 수 있는 기본 도형에 대해 알아봅시다.

삼각형, 사각형, 육각형은 반복하여 벽면을 가득 채울 수 있습니다. 각도기를 이용하여 직접 그려 보도록 합시다. 한 가지의 도형이 아니라 여러 가지의 도형을 함께 그려서 완성해 볼 수도 있습니다.

삼각형, 사각형, 육각형은 왜 한 면을 가득 채우는 것이 가능할까요? 빈틈없이 가득 채우려면 360도가 되어야 한다는 것을 생각하며 답을 써 봅시다.

삼각형, 사각형과 같은 도형이 아니라 기본 도형을 변형해서도 평면을 가득 채울 수 있습니다. 색종이를 가지고 만들어 볼까요?

한 면을 가득 채울 수 있는 예쁜 벽지를 그려 보도록 합시다.

(1) 한 면을 가득 채울 수 있는 다양한 색종이를 준비합니다.

(2) 만들고 싶은 모양이 되도록 종이를 자릅니다. 단, 종이를 버려서는 안 되고 다각형의 다른 부분에 붙이도록 합니다.

(3) 완성된 기본 도형을 옮겨서 반복시켜 봅니다.

(4) 직선뿐 아니라 곡선을 이용해서도 다양한 무늬를 완성할 수 있습니다.

코딩으로 풀자

문제 빵이는 테셀레이션의 원리를 알게 되었어요.

 사각형을 코딩으로 그려 봅시다.

1 오브젝트 설정하기

① 엔트리 만들기 화면 왼쪽에 표시된 X를 눌러 오브젝트를 지워
   주세요. 움직이는 오브젝트는 변경하여 다양하게 사용할 수
   있습니다.

② '오브젝트 추가하기' 화면에서는 엔트리에서
   제공하는 그림, 만드는 사람이 직접 올리는 그
   림 파일, 직접 그리기, 글상자를 선택할 수 있
   습니다. 도형을 그리는 오브젝트 모양을 위해
   연필을 추가해 보도록 합시다.

③ 오브젝트를 바꾸면 엔트리봇 기본 화면에서 연필 모양으로
   바뀐 것을 확인할 수 있습니다.

❷ 코딩을 위한 블록 알아보기

➜ '시작' 탭에서 1번을 눌러 줍니다. 마우스를 클릭하면 그림이 그려지 도록 하는 시작 명령어입니다.

➜ '붓' 탭에서 2번을 선택하여 (ⓞ 마우스를 클릭했을 때) 아래에 연결해 줍니다. 그러 면 마우스를 클릭할 때 그리기를 시작하게 됩니다.

➜ '움직임' 탭에서 4번을 선택하여 오른쪽과 같이 내용을 바 꿔 줍니다. 총 네 번의 움직임이 나오는 이유는 사각형이 네 변으로 이루어져 있기 때문입니다. 사각형의 내각의 합 은 360°이기 때문에 90°, 180°, 270°, 360°로 총 4 번 움직이게 됩니다.

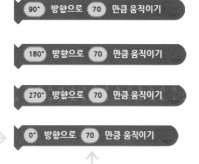

마지막 360°는 한 바퀴를 다 돈 것이기 때문에 엔트리에서는 0°로 표시됩니다.

70은 한 변의 길이로서 더 크게 그리고 싶은 경우에는 더 큰 수, 작게 그리고 싶은 경우에는 작은 수로 바꿔 주면 됩니다.

➜ 완성된 형태입니다. 완성된 작품을 시작하고 마우스를 클릭하면 사각형의 모습이 그려집니다.

문제　육각형을 서로 붙어 있는 모습으로 7개를 그려 봅시다.

1 오브젝트 설정하기

이번에는 오브젝트의 크기를 바꿔서 코딩을 해 보도록 하겠습니다. 엔트리 시작 화면에서 엔트리봇 오브젝트를 누르면 화면과 같이 크기를 조절할 수 있는 점들이 나옵니다. 이 점을 마우스로 조절하여 크기를 조절할 수 있습니다.

2 변수 설정하기

이번 코딩에서는 사각형을 그릴 때와는 달리 반복하는 명령어를 사용합니다. 반복하는 명령어를 사용하기 위해 속성 탭에서 변수를 설정해 보도록 하겠습니다.

① 엔트리 장면에서 '속성' 탭에 들어갑니다.
② '+ 변수추가'를 눌러 '한변의길이'를 입력합니다.
③ '한변의길이' 변수를 사용하여 매번 한 변의 길이를 입력하지 않아도 됩니다. 또한 육각형의 크기를 다양하게 바꿔 가며 그려 볼 수 있습니다.

❷ 코딩을 위한 블록 알아보기

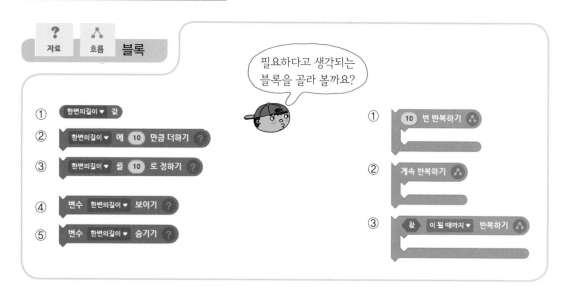

➡ '시작' 탭에서 '마우스를 클릭했을 때'를 코딩창으로 드래그합니다. 마우스를 클릭하면 그림이 그려지도록 하는 시작 명령어입니다.

➡ '자료' 탭에서 2번을 선택하여 줍니다. 안의 값을 50으로 바꿉니다.

> 숫자 값은 변의 길이를 의미하는 것으로, 50보다 큰 수로 바꾸면 더 큰 육각형이 그려지고, 50보다 작은 숫자로 바꾸면 작은 육각형으로 바뀌게 됩니다.

➡ '흐름' 탭에서 1번을 선택하여 안의 값을 6으로 바꿔 줍니다. '흐름' 탭을 두 개 꺼내어 만들어 둡니다.

➡ '움직임' 탭에서 '이동 방향으로 10만큼 움직이기' 블록을 꺼내 온 뒤 '자료' 탭에서 1번을 꺼내어 옵니다. 꺼낸 블록을 '움직임' 탭 값으로 바꿔 줍니다.

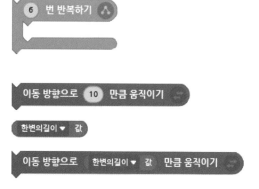

→ '움직임' 탭에서  블록을 꺼내 60으로 바꿔 줍니다.

이동 방향을 60˚ 만큼 회전하기

→ '움직임' 탭에서 위에 두 가지 블록을 다시 한 번 꺼내 다음과 같이 값을 변경해 줍니다.

이동 방향으로 한변의길이 ▼ 값 만큼 움직이기
이동 방향을 300˚ 만큼 회전하기

→ 만들어 둔 블록을 조합하면 다음과 같습니다.

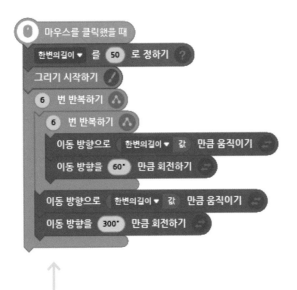

완성된 부분에서 한 변의 길이와 각도를 바꾸면 다양한 모양을 만들 수 있습니다.

생각해 볼까요?

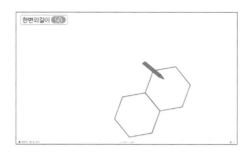

(1) 연속되는 육각형을 그릴 때 첫 번째 움직임 블록에서 왜 $60°$를 회전할까요?

(2) 두 번째 움직임 블록은 어떤 의미를 가지고 있는지 설명해 봅시다.

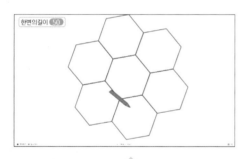

한 변의 길이와 각도, 반복되는 횟수 등을 변경하면
다양한 반복되는 무늬를 만들어 볼 수 있습니다.

4 한글의 비밀을 알고 있나요?

국어 시간, 빵이는 한글 속에 수학에서 배운 대칭이 숨어 있다는 선생님의 설명을 들었어요. 한글 속에 수학이 숨어 있다니, 정말 신기했어요.

선생님께서는 '곰'이라는 글자를 점대칭으로 그려 보라고 말씀하셨어요. 빵이는 '곰'을 점대칭으로 그려 보았더니 '문'이 나오는 것을 알게 되었어요.

선생님께서는 "한글의 자음은 선대칭과 점대칭을 이루어 안정적이다."라고 말씀해 주셨어요.

한글 속에 수학이 있다니 정말 신기해

그런데 세종대왕님은 선대칭과 점대칭을 알고 한글을 만드셨을까?

내가 그랬나?

세종대왕

글세?

글쎄?

곰

문

대칭도형

❶ 수학으로 풀자

❷ 코딩으로 풀자

한글에 숨어 있는 대칭을 재미있게 공부한 **빵이**는 한글 자음에
숨겨진 대칭 문제도 풀어 보기로 했어요.

수학으로 풀자

한글의 자음이 가지고 있는 특징을 알아보기 전에 선대칭과 점대칭에 대해서 공부해 봅시다.

(1) 선대칭 도형을 알아봅시다.

- 선대칭 도형: 어떤 직선으로 접어서 완전히 겹쳐지는 도형을 말합니다.
- 선대칭 도형의 성질 : 어떤 직선을 대칭축이라고 하며 대칭축을 중심으로 완전히 겹쳐지는 부분을 대응점, 대응변, 대응각이라고 합니다. 대칭축이 도형 안에 있습니다.

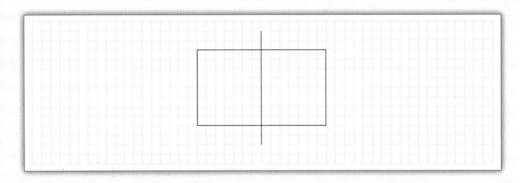

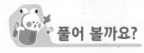 풀어 볼까요?

다음 그림의 선대칭 도형을 그려 봅시다.

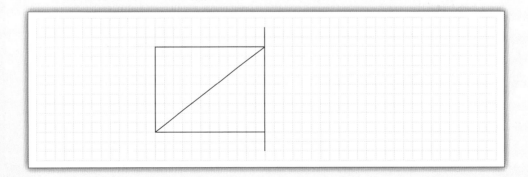

(2) 선대칭 위치에 있는 도형을 알아봅시다.

• 선대칭 위치에 있는 도형: 어떤 직선에 의해 완전히 겹쳐지는 두 도형을 말합니다.

• 선대칭 위치에 있는 도형의 성질 : 어떤 직선을 대칭축이라고 하며 대칭축을 중심으로 완전히 겹쳐지는 부분을 대응점, 대응변, 대응각이라고 합니다. 대칭축이 도형 밖에 있습니다.

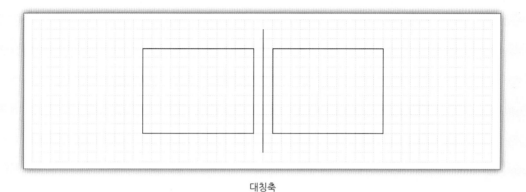

대칭축

 풀어 볼까요?

선대칭 위치에 있는 도형을 그려 봅시다.

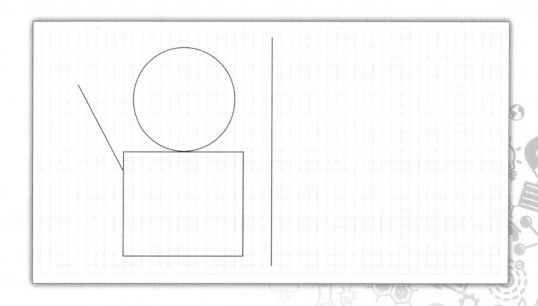

(3) 점대칭 도형을 알아봅시다.

- 점대칭 도형: 한 점을 중심으로 180° 돌렸을 때 완전히 겹쳐지는 도형을 말합니다.
- 점대칭 도형의 성질 : 한 점을 중심으로 180° 돌렸을 때 완전히 겹쳐지는 도형을 말합니다. 대칭의 중심이 도형 안에 있습니다.

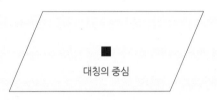

대칭의 중심

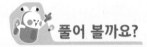

풀어 볼까요?

다음 그림의 점대칭 도형을 그려 봅시다.

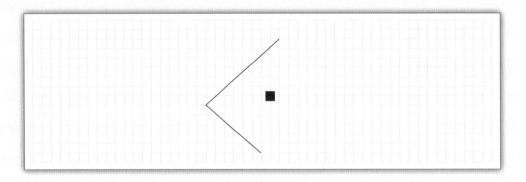

(4) 점대칭 위치에 있는 도형을 알아봅시다.

- 점대칭 위치에 있는 도형: 한 점을 중심으로 180° 돌렸을 때 완전히 겹쳐지는 두 도형을 말합니다.
- 점대칭 위치에 있는 도형의 성질: 한 점을 중심으로 180° 돌렸을 때 완전히 겹쳐지는 두 도형을 점대칭의 위치에 있는 도형이라고 합니다. 대칭의 중심이 도형 밖에 있습니다.

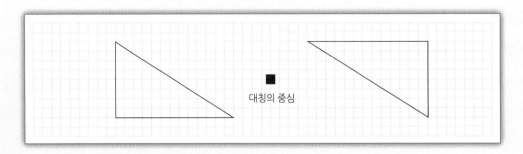

대칭의 중심

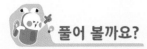

점대칭 위치에 있는 도형을 그려 봅시다.

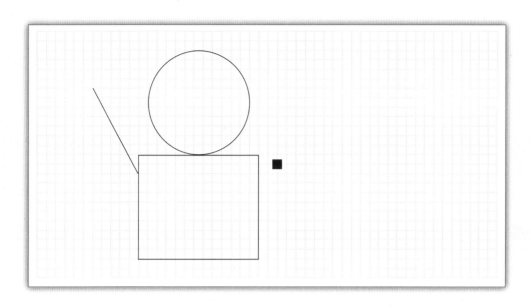

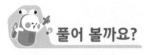

한글 자음은 다음과 같습니다. 한글을 보고 선대칭이나 점대칭 관계에 있는 자음을 찾아 짝지어 봅시다.

ㄱ, ㄴ, ㄷ, ㄹ, ㅁ, ㅂ, ㅅ, ㅇ, ㅈ, ㅊ, ㅋ, ㅌ, ㅍ, ㅎ, ㄲ, ㅆ, ㄸ, ㅉ, ㅃ

(1) 선대칭 도형인 자음을 찾아보세요.

(2) 선대칭 위치에 있는 도형인 자음을 찾아보세요.

(3) 점대칭 도형인 자음을 찾아보세요.

(4) 점대칭 위치에 있는 도형인 자음을 짝지어 보세요.

코딩으로 풀자

문제 빵이는 선대칭 도형과 선대칭 위치에 있는 도형, 점대칭 도형과 점대칭 위치에 있는 도형을 통해 한글에는 놀라운 비밀이 숨어 있다는 것을 알게 되었어요.

선대칭 도형과 점대칭 도형을 그릴 수 있도록 코딩해 봅시다.

① 오브젝트 설정하기

선대칭 도형을 만들기 위해서는 총 세 가지의 오브젝트가 필요합니다. 지우개, 연필, 대칭축 오브젝트를 추가하여 봅시다.

대칭축은 선대칭 도형을 접는 기준이 되는 축이고 연필은 도형을 그리는 역할, 지우개는 그렸던 도형을 전부 지우고 새롭게 그릴 수 있는 역할을 수행합니다.

(1) '지우개' 블록 코딩하기

• 신호 추가해 보기

'속성' 탭에서 신호를 선택하고 신호 추가를 해 보겠습니다.

① 엔트리 장면에서 '속성' 탭에 들어갑니다.

② '+ 신호추가'를 눌러 '지워라'를 입력합니다.

③ 완성된 프로그램에서 지우개를 선택하면 '지워라' 신호를 '연필' 오브젝트에 보내게 됩니다. 지우라는 신호를 받은 '연필' 오브젝트는 이전에 그려 놓은 선을 지웁니다.

→ 지우개 오브젝트는 실행했을 때 그려 놓은 선을 지우는 역할을 합니다. 코딩창에 블록을 옮기기 전에 먼저 지우개 오브젝트를 선택합니다.

→ '시작' 블록 중에서 1번을 선택하여 코딩창으로 옮깁니다.

→ '시작' 블록 중 4번을 선택하여 1번 아래에 연결해 줍니다.

(2) '연필' 블록 코딩하기

• 좌표 이해하기

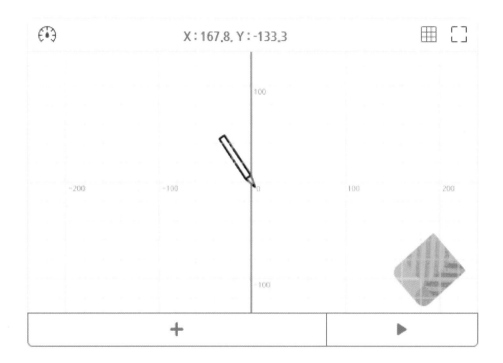

엔트리에는 좌표값이 있습니다. 화면에서 위에 오른쪽 위 격자무늬 부분을 누르면 나타납니다. 엔트리의 한가운데 값이 0이 됩니다. 오른쪽, 위쪽으로 가면 + 값을 가지게 되고 왼쪽, 아래쪽으로 가면 − 값을 가지게 됩니다. 이때 가로 방향을 x축이라고 하며 세로 방향을 y축이라고 합니다. 만약 오브젝트를 x축으로 50만큼 이동하고 y축으로 −50만큼 이동하라고 한다면 가운데 값에서 오른쪽으로 50만큼 아래 방향으로 50만큼 이동하라는 뜻입니다.

엔트리에서는 한가운데를 중심으로 오른쪽, 왼쪽, 위쪽, 아래쪽으로 240칸씩 쓸 수 있습니다. 240칸이 넘는 값은 화면에서 나타나지 않습니다.

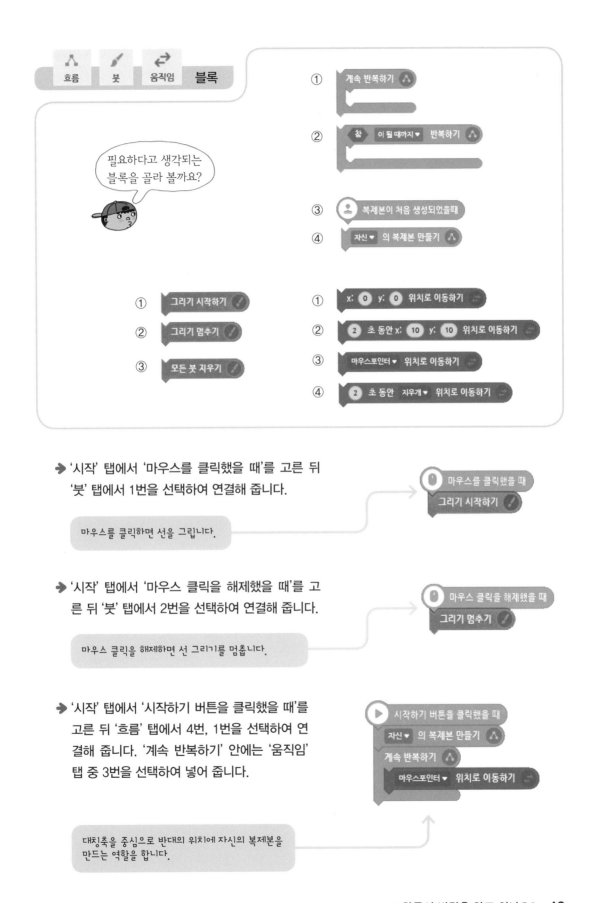

흐름   붓   움직임   **블록**

필요하다고 생각되는 블록을 골라 볼까요?

① 계속 반복하기

② 참 이 될 때까지 ▾ 반복하기

③ 복제본이 처음 생성되었을때

④ 자신 ▾ 의 복제본 만들기

① 그리기 시작하기

② 그리기 멈추기

③ 모든 붓 지우기

① x: 0 y: 0 위치로 이동하기

② 2 초 동안 x: 10 y: 10 위치로 이동하기

③ 마우스포인터 ▾ 위치로 이동하기

④ 2 초 동안 지우개 ▾ 위치로 이동하기

➜ '시작' 탭에서 '마우스를 클릭했을 때'를 고른 뒤 '붓' 탭에서 1번을 선택하여 연결해 줍니다.

마우스를 클릭했을 때
그리기 시작하기

마우스를 클릭하면 선을 그립니다.

➜ '시작' 탭에서 '마우스 클릭을 해제했을 때'를 고른 뒤 '붓' 탭에서 2번을 선택하여 연결해 줍니다.

마우스 클릭을 해제했을 때
그리기 멈추기

마우스 클릭을 해제하면 선 그리기를 멈춥니다.

➜ '시작' 탭에서 '시작하기 버튼을 클릭했을 때'를 고른 뒤 '흐름' 탭에서 4번, 1번을 선택하여 연결해 줍니다. '계속 반복하기' 안에는 '움직임' 탭 중 3번을 선택하여 넣어 줍니다.

시작하기 버튼을 클릭했을 때
자신 ▾ 의 복제본 만들기
계속 반복하기
마우스포인터 ▾ 위치로 이동하기

대칭축을 중심으로 반대의 위치에 자신의 복제본을 만드는 역할을 합니다.

➔ '흐름' 탭에서 3번을 선택한 뒤 '생김새' 탭에서 '좌우 모양 뒤집기'를 선택합니다. 그다음 '흐름' 탭에서 1번을 선택하고 '움직임' 탭에서 1번을 선택하여 대칭축 맞은편의 연필의 위치를 선정해 줍니다.

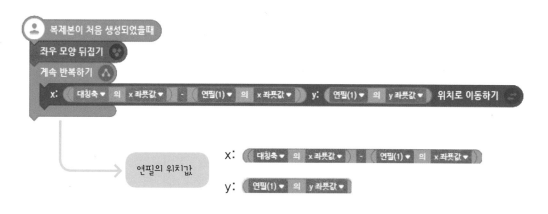

➔ '시작' 탭에서 '지워라 신호를 받았을 때'를 선택한 뒤 '붓' 탭에서 3번을 선택하여 연결해 줍니다.

지우개가 '지워라'라는 신호를 보내주면 그렸던 선을 모두 지우는 기능을 합니다.

🌸 **생각해 볼까요?**

선대칭 도형을 그릴 때 좌표값을 다음과 같이 설정합니다. 그 이유를 설명해 봅시다.

선대칭 도형의 x 좌표값 :

선대칭 도형의 y 좌표값 : 연필(1)▼ 의 y좌푯값▼

지금까지 알아본 블록을 순서에 맞게 배열하여 봅시다.

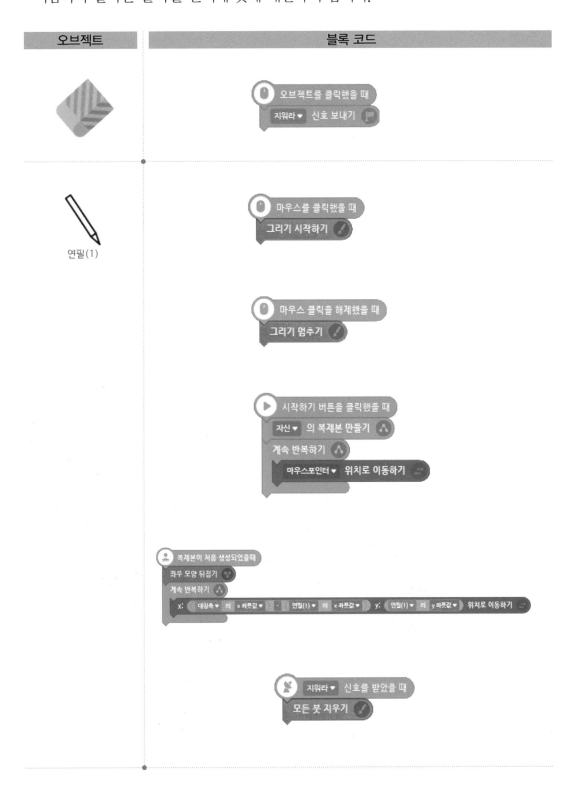

오브젝트	블록 코드

연필(1)

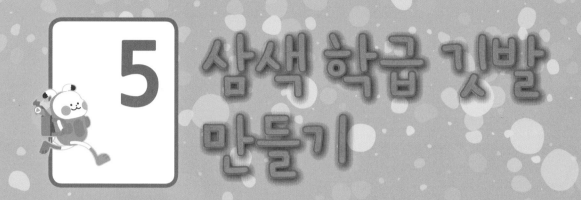

5 삼색 학급 깃발 만들기

빵이네 학교에서는 매년 5월 첫째 주 금요일 학년 운동회가 열려요. 이번 운동회는 축구, 피구, 이어달리기 등 학급 대항 경기가 많아 우리 학급만의 깃발을 만들어 응원 하기로 했어요. 빵이는 어떤 깃발을 만들지 친구들과 이야기하면서 세계 여러 나라의 국기를 살펴보았어요.

경우의 수

❶ 수학으로 풀자

❷ 코딩으로 풀자

빵이네는 가지고 있는 빨간색, 노란색, 초록색, 파란색, 하얀색 물감을 써서
삼색기를 만들기로 했어요.

국기들 중에는
세 가지 색으로
만들어진 것이 많네?

다섯 가지 색을 써서
3색기를 만든다면
모두 몇 가지나
만들 수 있을까?

수학으로 풀자

세계 여러 나라의 국기를 살펴보니 3가지 색으로 그린 국기가 많고, 특히 '빨간색, 노란색, 초록색, 파란색, 하얀색'을 많이 사용하고 있다는 것을 알 수 있어요.

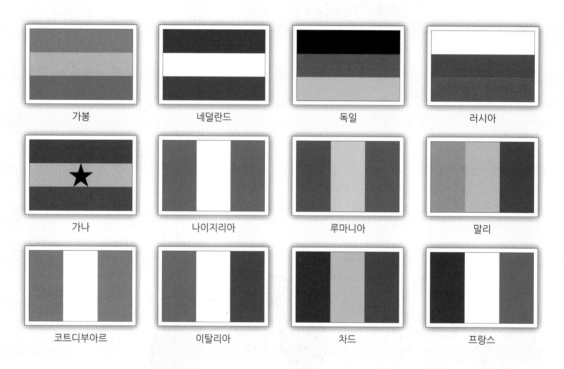

가봉	네덜란드	독일	러시아
가나	나이지리아	루마니아	말리
코트디부아르	이탈리아	차드	프랑스

직사각형을 세로로 3등분한 모양을 정하고, 이 깃발에 3가지 색으로 색칠하여 깃발을 만들어 봅시다. 세 가지 색이 모두 달라야 하며 사용할 수 있는 색이 '빨간색, 노란색, 초록색, 파란색, 하얀색' 총 5가지라면, 모두 몇 가지 깃발을 만들 수 있을까요?

먼저, 표를 그려 첫 번째 색이 빨간색일 경우를 알아봅시다.

☞ 첫 번째 색이 R이라면, 두 번째 색은 R을 제외한 Y, G, B, W입니다. (4가지 경우)

☞ 만약 두 번째 색이 Y라면, 세 번째 색은 R,Y를 제외한 G, B, W입니다. (3가지 경우)

첫 번째 색	두 번째 색	세 번째 색
R	Y	G
		B
		W
	G	
	B	
	W	

• 첫 번째 색이 될 수 있는 경우의 수
 : 5가지

• 두 번째 색이 될 수 있는 경우의 수
 : 4가지

• 세 번째 색이 될 수 있는 경우의 수
 : 3가지

• 모든 경우의 수는 5×4×3=60가지

(빨간색=R , 노란색=Y , 초록색=G , 파란색=B , 하얀색=W)

 풀어 볼까요?

5가지 색(빨간색=R , 노란색=Y , 초록색=G , 파란색=B , 하얀색=W)을 이용하여 깃발을 색칠하려고 합니다. 단, 맞닿은 부분이 같은 색이어서는 안 되고, 깃발을 돌렸을 때 모양이 같은 깃발은 같은 깃발로 생각합니다. 깃발을 색칠할 수 있는 경우의 수는 몇 가지일까요? 앞의 문제와 다른 점은 무엇일까요?

문제의 조건에서 깃발을 돌렸을 때 같은 색이 되는 경우는 똑같은 깃발로 생각한다고 했으므로 R-Y-G나 G-Y-R은 똑같은 깃발이라고 할 수 있습니다. 즉, 뒤집었을 때 똑같은 깃발이 되는 경우의 수는 30가지입니다.

그러므로 세 가지 색이 모두 다르며, 깃발을 돌렸을 때 같은 색이 되는 것을 제외한 경우의 수는 60÷2=30, 30가지가 됩니다.

코딩으로 풀자

1 오브젝트에서 깃발 추가하기

이번 코딩에서는 오브젝트를 직접 그려서 화면에 추가해 보도록 합니다. 3색 깃발을 위한 사각형 3개, 색을 입력할 수 있는 사각형 5개를 직접 그려서 입력합니다.

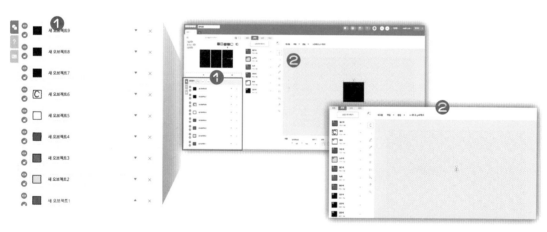

➡ 오브젝트 추가 '+'를 눌러 '새로 그리기' 상자에 들어갑니다. '새로 그리기' 페이지로 이동하면 ❷번과 같은 화면이 활성화됩니다. 여기에 사각형을 그려서 ❶번 화면처럼 총 9개의 사각형을 만들도록 합니다.

> 새 오브젝트5의 사각형은 색입력용 사각형이 아닌 색깔을 입힌 사각형을 되돌리기 위한 버튼입니다.

(1) '색깔' 사각형 모양 입력하기

➔ '색깔' 사각형은 색 입력 뒤 사라져야 하므로 2가지 모양을 만듭니다. 기본사각형(모양2)과 색이 칠해진 사각형(모양1)을 해서 2가지로 만듭니다.

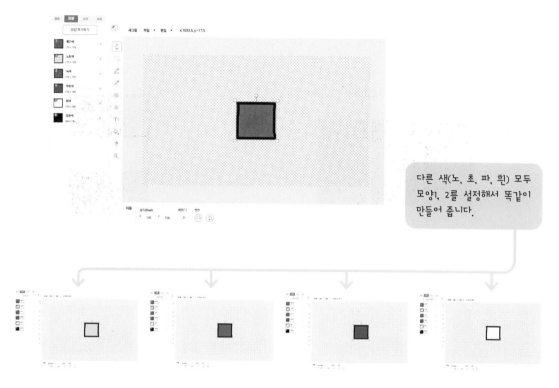

다른 색(노, 초, 파, 흰) 모두 모양1, 2를 설정해서 똑같이 만들어 줍니다.

(2) '깃발' 사각형 모양 입력하기

➔ '깃발' 사각형은 선택한 '색깔' 사각형의 색을 입히는 곳입니다. 따라서 한 개 한 개 사각형에 5가지 색을 모두 입력해 주어야 합니다. 한 개의 '깃발' 사각형을 만든 뒤 모양추가를 6개(무색, 빨, 노, 녹, 파, 흰) 해 주고, 오브젝트 '복제'를 하여 3개를 똑같이 만듭니다.

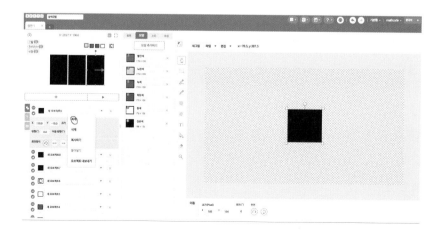

❷ 경우의 수를 나타낼 수 있는 '변수' 추가하기

이번 코딩에서는 총 가지의 변수를 입력하도록 합니다. '깃발'은 위의 사각형에 입힐 색의 개수를 나타냅니다. '경우의 수'는 색을 입히면 발생하는 경우의 수를 표시해 줍니다. '색깔'은 선택한 색의 이름을 나타냅니다.

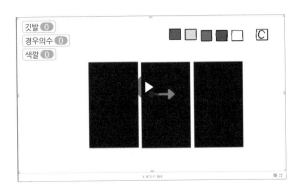

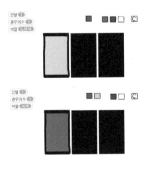

❸ '색깔' 사각형에 코딩하기

문제에서 빨간색, 노란색, 초록색, 파란색, 하얀색 5가지 색을 이용한다고 했습니다. 하나의 색깔 사각형에 코딩을 하여 복사&붙여넣기를 하면 쉽게 입력할 수 있습니다.

(1) '시작' 블록과 '흐름' 블록 입력하기

➔ '색깔' 사각형을 클릭하였을 때 색이 입혀지면서 해당 사각형은 선택되었으므로 사라져야 합니다. 이와 같은 코딩을 할 때 가장 기본적인 명령은 '오브젝트 클릭했을 때'와 '만일' 블록을 이용하면 됩니다.

(2) 변수 '색깔', '깃발'과 관련된 '흐름' 블록 입력하기 (빨간색)

➔ '흐름' 블록 '만일'의 값을 깃발▼ 값 ≤ 2 로 입력합니다. 깃발값을 2 이하로 설정하는 이유는 선택되는 색깔이 3개이므로 깃발값 3부터는 숫자를 더할 필요가 없기 때문입니다. 즉, 깃발값 3부터는 '깃발에 1만큼 더하기'를 적용할 필요가 없는 것입니다.

(3) 변수 '경우의 수'와 관련된 '흐름' 블록 입력하기(빨간색)

➡ '경우의 수' 계산 블록을 입력합니다. '자료' 블록과 '계산' 블록을 입력하여 각각의 경우의 수를 입력합니다. 색이 하나 선택된 깃발값 1인 경우는 5, 2개 선택된 깃발값 2의 경우는 5×4, 3개 선택 깃발값 3의 경우는 5×4×3 으로 각각 입력합니다.

※ 위의 '자료', '계산' 블록을 사용

(4) 블록 복사하여 각각 '색깔' 블록에 입력하기

➡ 지금까지 입력한 블록들을 합치면 이와 같습니다. 이 '색깔' 블록은 (   )색입니다. 일일이 블록을 다시 맞추지 않고 복사 & 붙여넣기를 해서 5가지 색깔 블록에 똑같이 입력할 수 있습니다.

색깔 ▼ 를 파란색 로 정하기 ?

'색깔을 빨간색, 노란색, 초록색, 파란색, 하얀색으로 정하기'로 바꿔주기만 하면 됩니다. '생김새' 블록의 '모양 숨기기'를 하면 선택한 '색칠' 사각형이 사라집니다.

(4) '취소' 사각형 코딩 입력하기 Ⓒ

➡ 이 '취소' 사각형은 입력값을 원래대로 되돌리기 위한 사각형입니다. 이 사각형을 클릭했을 때 '깃발', '경우의수' 변수를 모두 0으로 되돌립니다. 또한 '깃발' 사각형들에게 모두 입력되었던 색을 지우는(검은색으로 바꾸기) 신호도 포함되어야 합니다. 반면 '색깔' 사각형은 다시 원래대로 되돌아와야 하므로 모양이 보여야 하는 것을 잊지 않도록 합니다.

〈색깔 사각형〉   〈깃발 사각형〉

❹ '깃발' 사각형에 코딩하기

'깃발' 사각형은 모든 코딩이 다 똑같습니다. 따라서 하나의 사각형에 코딩을 입력한 뒤 복사를 하면 쉽게 프로그램을 입력할 수 있습니다.

(1) '칠하기' 신호 받기

➡ '색깔' 사각형이 선택되면 '칠하기' 신호를 받도록 합니다.
이때 맨 왼쪽 '깃발' 사각형부터 색이 칠해지도록 블록을 지정합니다.

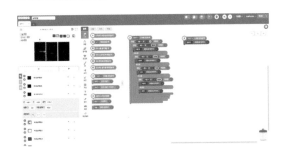

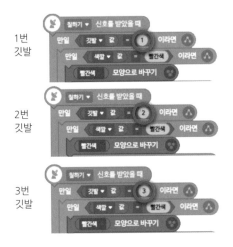

1번 깃발

2번 깃발

3번 깃발

'깃발' 사각형이 색칠되는 순서는 임의대로 바꿀 수 있지만 칠하기 신호를 받았을 때 깃발에 따른 색 변화는 한 '깃발' 사각형에만 지정해 주어야 합니다.

(2) '흐름' → '만일' 블록 이용하여 색깔 입히기

➡ '만일' 블록을 이용하여 다음의 코딩을 입력합니다.

〈3번째 '깃발' 사각형 예시〉

만일 색깔 사각형이 빨간색이 선택된 경우 '생김새' 블록에서 빨간색 모양으로 바꿉니다. 노란색이 선택될 경우는 노란색, 초록색이 선택될 경우는 초록색, 파란색이 선택될 경우 파란색, 마지막 하얀색이 선택될 경우 하얀색으로 색을 바꾸는 것으로 지정합니다.

1, 2번째 '깃발' 사각형에도 똑같이 복사하여 입력하고 동그라미 친 부분 숫자를 1,2로 다르게 입력해 주면 됩니다.

완성된 블록의 모습은 다음과 같습니다.

오브젝트	블록 코드

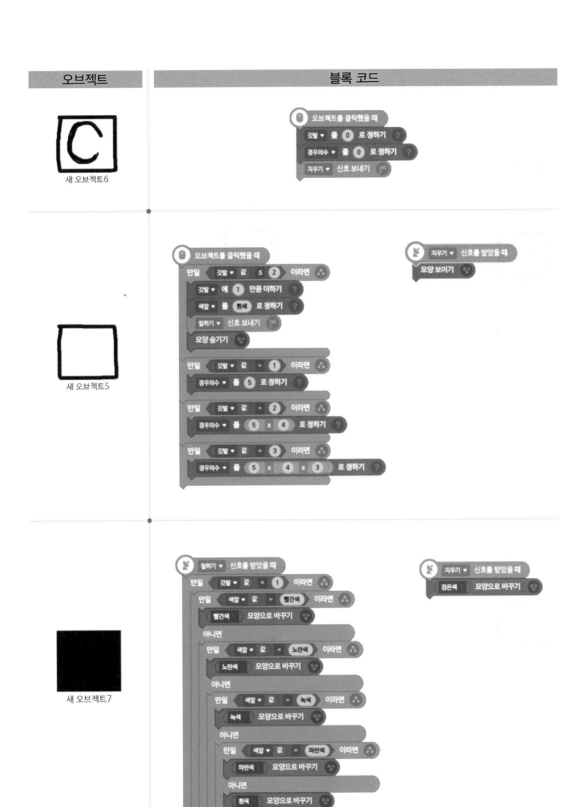

새 오브젝트6

- 오브젝트를 클릭했을 때
  - 깃발 ▼ 를 0 로 정하기 ?
  - 경우의수 ▼ 를 0 로 정하기 ?
  - 지우기 ▼ 신호 보내기

새 오브젝트5

- 오브젝트를 클릭했을 때
  - 만일 깃발 ▼ 값 ≤ 2 이라면
    - 깃발 ▼ 에 1 만큼 더하기 ?
    - 색깔 ▼ 를 흰색 로 정하기 ?
    - 칠하기 ▼ 신호 보내기
    - 모양 숨기기
  - 만일 깃발 ▼ 값 = 1 이라면
    - 경우의수 ▼ 를 5 로 정하기 ?
  - 만일 깃발 ▼ 값 = 2 이라면
    - 경우의수 ▼ 를 5 × 4 로 정하기 ?
  - 만일 깃발 ▼ 값 = 3 이라면
    - 경우의수 ▼ 를 5 × 4 × 3 로 정하기 ?

- 지우기 ▼ 신호를 받았을 때
  - 모양 보이기

새 오브젝트7

- 칠하기 ▼ 신호를 받았을 때
  - 만일 깃발 ▼ 값 = 1 이라면
    - 만일 색깔 ▼ 값 = 빨간색 이라면
      - 빨간색 모양으로 바꾸기
    - 아니면
      - 만일 색깔 ▼ 값 = 노란색 이라면
        - 노란색 모양으로 바꾸기
      - 아니면
        - 만일 색깔 ▼ 값 = 녹색 이라면
          - 녹색 모양으로 바꾸기
        - 아니면
          - 만일 색깔 ▼ 값 = 파란색 이라면
            - 파란색 모양으로 바꾸기
          - 아니면
            - 흰색 모양으로 바꾸기

- 지우기 ▼ 신호를 받았을 때
  - 검은색 모양으로 바꾸기

새 오브젝트8

칠하기 ▼ 신호를 받았을 때
만일 〈 깃발 ▼ 값 = 2 〉 이라면
  만일 〈 색깔 ▼ 값 = 빨간색 〉 이라면
    빨간색 모양으로 바꾸기
  아니면
    만일 〈 색깔 ▼ 값 = 노란색 〉 이라면
      노란색 모양으로 바꾸기
    아니면
      만일 〈 색깔 ▼ 값 = 녹색 〉 이라면
        녹색 모양으로 바꾸기
      아니면
        만일 〈 색깔 ▼ 값 = 파란색 〉 이라면
          파란색 모양으로 바꾸기
        아니면
          흰색 모양으로 바꾸기

지우기 ▼ 신호를 받았을 때
  검은색 모양으로 바꾸기

새 오브젝트9

칠하기 ▼ 신호를 받았을 때
만일 〈 깃발 ▼ 값 = 3 〉 이라면
  만일 〈 색깔 ▼ 값 = 빨간색 〉 이라면
    빨간색 모양으로 바꾸기
  아니면
    만일 〈 색깔 ▼ 값 = 노란색 〉 이라면
      노란색 모양으로 바꾸기
    아니면
      만일 〈 색깔 ▼ 값 = 녹색 〉 이라면
        녹색 모양으로 바꾸기
      아니면
        만일 〈 색깔 ▼ 값 = 파란색 〉 이라면
          파란색 모양으로 바꾸기
        아니면
          흰색 모양으로 바꾸기

지우기 ▼ 신호를 받았을 때
  검은색 모양으로 바꾸기

6 자료를 어떻게 정리할 수 있을까요?

빵이는 친구들이 좋아하는 과목을 조사하고 발표하는 숙제를 하고 있어요.
우리 반 친구들은 총 30명이고 좋아하는 과목은 수학, 과학, 영어, 음악
이렇게 네 과목이었어요.

자료의 정리

❶ 수학으로 풀자

❷ 코딩으로 풀자

그런데 빵이는 조사한 내용을 어떻게 발표해야 할지 막막했어요.
한 명 한 명 이름을 부르며 좋아하는 과목을 발표하는 것은 좋은
생각이 아닌 것 같았어요.
빵이는 어떻게 발표하는 것이 좋을까요?

그냥 다 읽기만 하면
안 될 것 같은데…….
좋은 방법이 없을까?

빵이네 반 친구들이 좋아하는 과목을 번호순대로 나열하면 다음과 같습니다.

1	강ㅇㅇ	수학
2	김ㅇㅇ	과학
3	김ㅇㅇ	영어
4	김ㅇㅇ	음악
5	김ㅇㅇ	수학
6	류ㅇㅇ	수학
7	박ㅇㅇ	과학
8	이ㅇㅇ	과학
9	임ㅇㅇ	음악
10	한ㅇㅇ	음악
11	한ㅇㅇ	수학
12	현ㅇㅇ	과학
13	홍ㅇㅇ	영어
14	황ㅇㅇ	수학
15	김ㅇㅇ	과학
16	김ㅇㅇ	수학
17	김ㅇㅇ	음악
18	서ㅇㅇ	음악
19	신ㅇㅇ	영어
20	유ㅇㅇ	수학
21	이ㅇㅇ	음악
22	이ㅇㅇ	수학
23	이ㅇㅇ	음악
24	이ㅇㅇ	음악
25	윤ㅇㅇ	수학
26	차ㅇㅇ	영어
27	최ㅇㅇ	음악
28	최ㅇㅇ	수학
29	최ㅇㅇ	수학
30	하ㅇㅇ	음악

자료를 효과적으로 전달하려면 먼저 필요한 정보를 정리해야 합니다. 자료를 정리하는 가장 기본적인 방법은 표와 그래프로 정리해 보는 것입니다.

 풀어 볼까요?

(1) 친구들이 좋아하는 과목을 표로 정리하여 봅시다.

과목	수학	과학	영어	음악	합계
좋아하는 사람 수					

(2) 친구들이 좋아하는 과목을 막대그래프로 정리하여 봅시다.

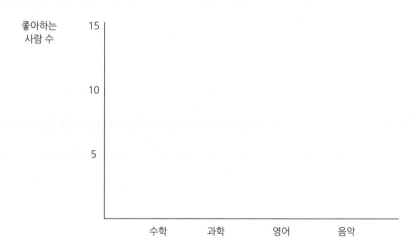

(3) 친구들에게 조사한 내용을 발표하는 발표문을 작성하여 봅시다.

자료를 정리하여 나타내는 방법은 다양합니다. 표, 꺾은선 그래프, 막대그래프, 그림 그래프 등이 있습니다. 그림그래프는 그림의 크기나 숫자로 크기를 표현하는 그래프입니다. 그림을 직접 그려야 하는 것은 불편하지만 한눈에 쉽게 볼 수 있다는 장점이 있습니다. 코딩을 이용하면 직접 그리지 않고도 쉽게 나타낼 수 있습니다.

코딩으로 풀자

1 오브젝트 추가하기

블록을 조합하기 전 오브젝트를 추가하여 프로그램이 실행되는 배경을 만들어 봅시다.

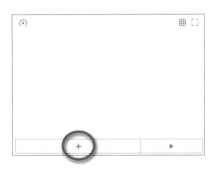

➜ 엔트리 만들기 화면 왼쪽 아래에서 +를 눌러 오브젝트를 추가해 주세요.

'우리반이 좋아하는 과목은?', '수학', '과학', '영어', '음악' 텍스트를 추가로 넣어 주세요.

➜ 그림그래프로 나타낼 그림을 추가해 주세요.

우리 반 학생을 나타내기 위해 '학생' 오브젝트를 넣었습니다.

➜ 각각의 텍스트의 위에 학생의 그림그래프로 나타날 예정입니다. 간격을 그림과 같이 조절하여 주세요.

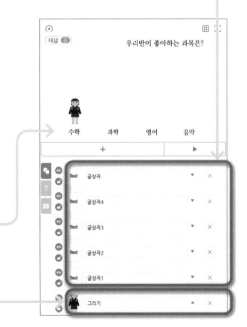

❷ 코딩을 위한 블록 알아보기

(1) 텍스트 블록 알아보기

① 엔트리 장면에서 '속성' 탭에 들어갑니다.
② '+ 신호추가'를 눌러 '그래프그리기'를 입력합니다.
③ 프로그램 완성 시 '그래프 그리기' 신호를 통해 그림그래프가 그려지게 됩니다.

➡ '우리 반이 좋아하는 과목은?'이라는 질문의 오브젝트를 선택합니다. 시작을 하면 그림그래프를 그리기를 시작할 수 있도록 '시작' 블록 중 1번 버튼을 선택합니다.

➡ '시작' 버튼을 누르면 좋아하는 과목 각각을 물어보고 대답할 수 있도록 '자료' 블록 중 1번에 각각의 텍스트를 입력해 줍니다.

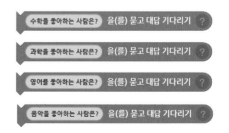

→ '시작' 탭 중 9번을 선택합니다. '속성' 탭에서 미리 만들어 두었던 '그래프 그리기'에 신호를 보내는 역할을 합니다.

`그래프 그리기 ▼   신호 보내고 기다리기 ⬜`

→ '시작 탭 중 1번, '자료' 탭 중 3번을 선택해 실행 화면에서 대답을 사라지게 합니다. 수학, 과학, 영어, 음악을 물어볼 때마다 대답이 바뀌기 때문에 실행 화면에 남겨둘 필요가 없습니다.

`▶ 시작하기 버튼을 클릭했을 때`
`대답   숨기기 ▼   ?`

→ '우리 반이 좋아하는 과목은?' 블록은 다음과 같이 완성됩니다.

`▶ 시작하기 버튼을 클릭했을 때`
`수학을 좋아하는 사람은?   을(를) 묻고 대답 기다리기 ?`
`그래프 그리기 ▼   신호 보내고 기다리기 ⬜`
`과학을 좋아하는 사람은?   을(를) 묻고 대답 기다리기 ?`
`그래프 그리기 ▼   신호 보내고 기다리기 ⬜`
`영어를 좋아하는 사람은?   을(를) 묻고 대답 기다리기 ?`
`그래프 그리기 ▼   신호 보내고 기다리기 ⬜`
`음악을 좋아하는 사람은?   을(를) 묻고 대답 기다리기 ?`
`그래프 그리기 ▼   신호 보내고 기다리기 ⬜`

`▶ 시작하기 버튼을 클릭했을 때`
`대답   숨기기 ▼   ?`

(2) '학생 블록 알아보기

70   6. 자료를 어떻게 정리할 수 있을까요?

➡ '학생' 오브젝트를 먼저 선택합니다. '학생' 오브젝트가 직접 움직이며 그래프를 그리게 되므로 '학생' 오브젝트를 선택 후 코딩 창에 블록을 쌓아야 합니다.

➡ 앞서 설명했던 '시작' 탭에 7번에서 '그래프 그리기 신호를 받았을 때'를 선택합니다. 그다음 아래에 '모양' 탭 1번 '모양 보이기'를 연결해 줍니다.

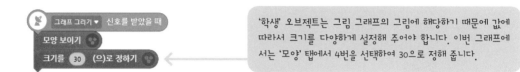

'학생' 오브젝트는 그림 그래프의 그림에 해당하기 때문에 값에 따라서 크기를 다양하게 설정해 주어야 합니다. 이번 그래프에서는 '모양' 탭에서 4번을 선택하여 30으로 정해 줍니다.

➡ '흐름' 탭에서 그림을 반복해 주는 2번을 선택하여 안의 내용을 '계산' 탭과 '자료' 탭에서 골라 (대답 / 10 의 몫▼)로 바꿔 줍니다. '붓' 탭에서 1번 '도장찍기'를 선택하여 연결해 줍니다.

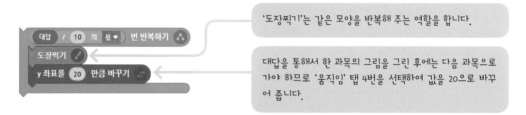

'도장찍기'는 같은 모양을 반복해 주는 역할을 합니다.

대답을 통해서 한 과목의 그림을 그린 후에는 다음 과목으로 가야 하므로 '움직임' 탭 4번을 선택하여 값을 20으로 바꾸어 줍니다.

➡ '모양' 탭 4번을 선택한 후 크기를 15로 바꾸어 줍니다. '흐름' 탭 2번을 선택하여 위에 과정을 반복합니다. 단, '흐름' 탭 2번의 내용을 (대답 / 10 의 나머지▼)로 바꿔 줍니다.

➡ 그래프를 다 그렸으므로 '모양' 탭 2번을 선택한 뒤 '움직임' 탭 3번 2번을 선택하여 값을 각각 100, −57로 정해 줍니다.

→ '학생' 오브젝트의 완성된 모습은 다음과 같습니다.

완성 후 그림그래프 위치가 올바르지 않으면 값을 변경해 주도록 합니다.

 생각해 볼까요? -----

1. (대답 / 10 의 몫 ▼) 으로 블록을 설정하는 이유는 무엇일까요?

2. (대답 / 10 의 나머지 ▼) 으로 블록을 설정하는 이유는 무엇일까요?

③ 완성한 블록 배열하기

완성된 블록의 모습은 다음과 같습니다.

오브젝트	블록 코드
우리반이 좋아하는 과목은? 글상자	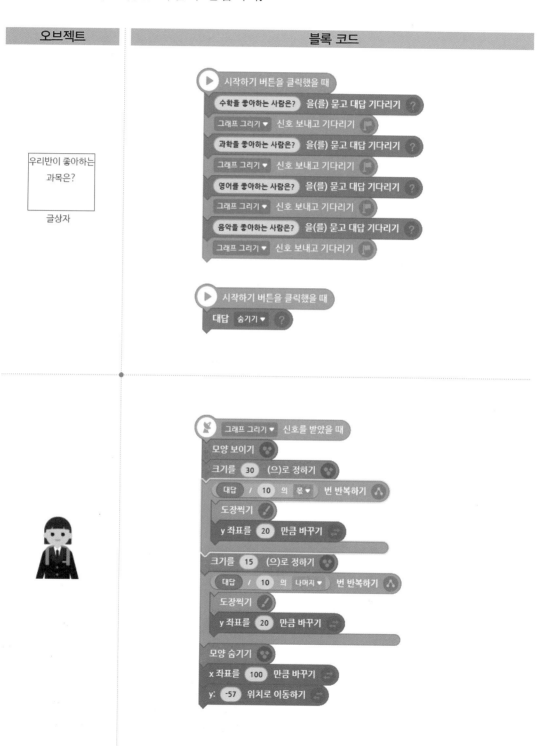

내 별자리는
한 번에 그릴 수 있을까요?

과학 시간, 빵이는 별자리에 대해 배우고 있어요.

우주에는 셀 수 없이 많은 별이 있어요.
그 가운데 사람들이 발견해서 이름을 붙인 별은
약 45만 7천 개 정도이고, 지구에서 사람의
눈으로 직접 볼 수 있는 별은 3천 개 정도입니다.
별들을 몇 개씩 이어서 이름 붙인 것을
별자리라고 합니다.

오늘날 사람들이 만든 별자리가 88개 있어요.
그중 태양이 지나가는 길 '황도' 가까이에 있는
별자리를 특별히 '황도 12궁'이라고 합니다.
보통 자신이 태어난 날에 가장 밝게 보이는
별자리를 자신의 별자리라고 해요.

위상수학

❶ 수학으로 풀자

❷ 코딩으로 풀자

빵이는 한 붓 그리기 게임을 하고 있는 친구와 이야기하다가,
오늘 과학 시간에 배운 별자리를 한 붓 그리기로 해 보기로 했어요.

한 붓 그리기 게임을 하고 있네?
한 붓 그리기가 되는 도형이 있고,
안 되는 도형이 있겠지?
오늘 과학 시간에 배운 별자리를
한 붓 그리기로 해볼까?

한 번
그려봐.

'오일러'라는 수학자는 한 붓 그리기가 가능한 도형의 2가지 원리를 발견했습니다. 우리도 한 번 원리를 발견해 볼까요?

1) 첫 번째 원리

다음 〈가〉, 〈나〉, 〈다〉 도형은 한 붓 그리기가 가능할까요? 한 번 연필로 따라 그려 보세요.

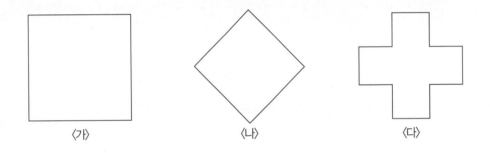

위의 〈가〉, 〈나〉, 〈다〉도형은 출발점을 달리해도 한 붓 그리기가 가능한 도형입니다. 짝수 점과 홀수 점을 이용해서 이유를 알아봅시다.

도형	짝수점	홀수점	한 붓 그리기
〈가〉	4	0	가능
〈나〉	4	0	가능
〈다〉	12	0	가능

*짝수점 : 짝수 개의 선분이 만나는 점
*홀수점 : 홀수 개의 선분이 만나는 점

세 도형의 공통점은 도형의 모든 점이 짝수점이라는 것입니다. 도형의 모든 점이 짝수 점일 때는 출발점에 상관없이 한 붓 그리기가 가능합니다.

2) 두 번째 원리

다음 〈가〉, 〈나〉, 〈다〉 도형은 한 붓 그리기가 가능할까요? 연필로 따라 그려 보세요.

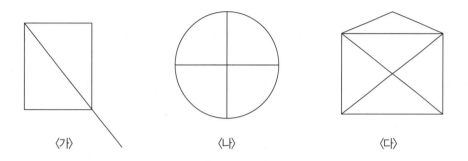

〈가〉, 〈나〉, 〈다〉 도형의 짝수점과 홀수점을 알아봅시다.

도형	짝수점	홀수점	한 붓 그리기
〈가〉	2	2	가능
〈나〉	1	4	불가능
〈다〉	4	2	가능

*짝수점 : 짝수 개의 선분이 만나는 점
*홀수점 : 홀수 개의 선분이 만나는 점

홀수점이 두 개일 때는 한 붓 그리기가 가능합니다. 하지만 꼭 홀수점에서 출발해야 한 붓 그리기를 할 수 있어요.

그렇다면 아래의 12가지 별자리는 한 붓 그리기가 가능한지 살펴볼까요? 한 붓 그리기가 가능한 별자리에 동그라미해 보세요.

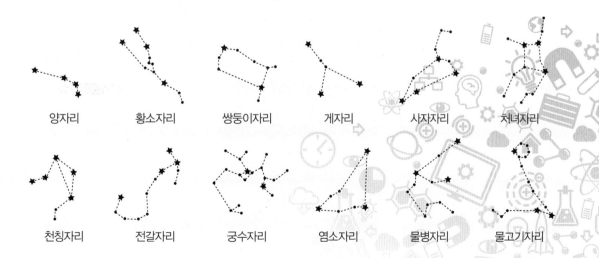

양자리　　황소자리　　쌍둥이자리　　게자리　　사자리　　처녀자리

천칭자리　　전갈자리　　궁수자리　　염소자리　　물병자리　　물고기자리

코딩으로 풀자

문제 다음 도형을 한 붓 그리기할 수 있도록 코딩하여 봅시다.

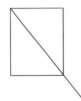

1 한 변의 길이 정하기

➜ '시작'과 '자료' 블록으로 한 변의 길이를 150으로
정해 줍니다.

2 그리기 명령어 입력하기

➜ '붓' 탭에 들어가 도형 그리기
를 시작합니다. 붓 색깔은 마
음대로 지정할 수 있습니다.
그려지는 도형의 색을 지정하
기 때문에 원하는 색을 고르
도록 합니다.

❸ 이동 방향 및 처음 이동 길이 정하기

→ 이동 방향은 왼쪽 방향으로 45도, 이동 길이는
한 변의 길이인 150의 두 배로 설정합니다.

이동 방향을 135도 회전하는 이유는
진행 방향에서 보기와 같이 135도를
틀어야 사각형을 그릴 수 있는 방향
으로 설정되기 때문입니다.

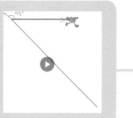

❹ '흐름'과 '움직임' 블록으로 사각형 완성하기

→ 방향을 튼 오브젝트를 이용하여 사각형을 그립니다. 한
변을 150 길이(한 변의 길이)로 설정을 한 뒤 방향을
90도씩 4번 반복하여 사각형을 그리도록 합니다.

'한 변의 길이' 블록은 '자료' 블록에서 찾을 수 있습니다.

❺ 완성한 블록 배열하기

엔트리봇

> 시작하기 버튼을 클릭했을 때
한변의길이 ▼ 를 150 로 정하기 ?
그리기 시작하기 ✎
붓의 색을 ■ (으)로 정하기 ✎
이동 방향으로 한변의길이 ▼ 값 x 2 만큼 움직이기
이동 방향을 135° 만큼 회전하기
0.5 초 기다리기 ∧
4 번 반복하기 ∧
　이동 방향으로 한변의길이 ▼ 값 만큼 움직이기
　이동 방향을 90° 만큼 회전하기
　0.5 초 기다리기 ∧

8 내년 내 생일은 무슨 요일일까요?

오늘은 20△△년 5월 20일. 빵이의 열세 번째 생일이에요. 토요일이라 가족과 함께 1박 2일 강원도 여행을 다녀왔어요. 대관령 양떼목장에서 먹이 주는 체험을 하고, 어마어마하게 큰 풍력 발전기도 보았죠.
가족과 함께 행복한 시간을 보내고 집으로 돌아가는 길이 아쉬워진 빵이는 문득 이런 생각이 들었어요.

내년 생일에도 올해처럼 여행을 하며 즐거운 시간을 보낼 수 있을까?
만약 다른 요일이면 1박 2일 여행은 곤란할 텐데…….

주기성

① 수학으로 풀자

② 코딩으로 풀자

내년 자신의 생일이 무슨 요일인지 궁금해진 빵이는 선생님께 여쭤 보기로 했어요.

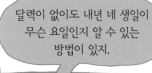

달력이 없이도 내년 네 생일이 무슨 요일인지 알 수 있는 방법이 있지.

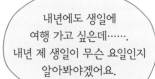

내년에도 생일에 여행 가고 싶은데……. 내년 제 생일이 무슨 요일인지 알아봐야겠어요.

그런 방법이 있다구요?

수학으로 풀자

달력이 있다면 내년 내 생일이 무슨 요일인지 쉽게 구할 수 있지만, 지금 빵이는 종이와 펜만 있어요. 빵이는 어떤 방법으로 내년 생일의 요일을 구할 수 있을까요?

20△△. 05

일	월	화	수	목	금	토
	1	2	3	4	5	6
7	8	9	10	11	12	13
14	15	16	17	18	19	20 빵이의 생일
21	22	23	24	25	26	27
28	29	30	31			

▲ 이번 달 달력

오늘로부터 365일 후의 요일을 구하기 전에 몸풀기 문제를 풀어 봅시다. 오늘로부터 100일 후는 무슨 요일일까요? (오늘은 토요일)

풀어 볼까요?

1주일은 며칠이죠? 그렇죠. 7일이에요. 그래서 7일마다 같은 요일이 반복됩니다.
오늘이 토요일이라면 7의 배수인 7, 14, 21… 일 후는 똑같은 토요일이 됩니다.
7의 배수를 써 보세요. (100 이내)

100을 7로 나누면, 100÷7 =14⋯2인데 여기서 중요한 것은 나머지인 2입니다.
그럼 100일 후는 토요일의 이틀 후인 월요일이 되겠네요.

	일	월	화	수	목	금	토
나머지	1	2	3	4	5	6	0

그림으로 생각해 볼까요?

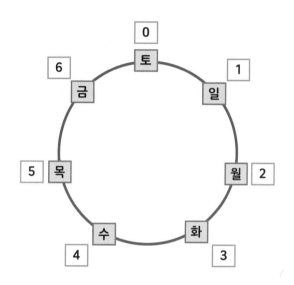

나머지는 숫자 0부터 6까지 계속 반복되고 있죠? 100일 후, 1000일 후, 1000000000일 후라도 7로 나눴을 때 나머지는 0에서 6 사이에요.

이런 퀴즈는 나머지를 이용한 주기성을 찾아내는 문제예요. 주기성만 찾는다면 복잡한 숫자가 나오는 문제도 쉽게 해결할 수 있어요.

주기성: 일정한 간격을 두고 되풀이하여 진행하거나 나타나는 성질

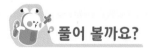 풀어 볼까요?

365일 후 빵이의 생일은 무슨 요일일까요? (오늘은 토요일)
365÷7 = 52⋯1
나머지인 1에 해당하는 요일은 일요일입니다.

심화 문제를 풀어 볼까요?

365÷7 정도는 계산이나 전자계산기로 구할 수 있겠지만, 전자계산기를 사용하기 어려울 만큼 수가 엄청 커진다면 나머지를 구할 수 있을까요?

바로,

10을 100번 곱한 수 = 10^{100} = 10000000000000000000000000000000000000000000000000000000000000000000000000000000000000000000000000000

10을 100번 곱한 수를 7로 바로 나누는 것은 어려우므로, 10을 몇 번 곱한 수의 나머지 주기성을 찾아볼까요?

숫자	계산식	나머지	요일
10을 0번 곱한 수	1÷7=0…1	1	일
10을 1번 곱한 수	10÷7=1…3	3	화
10을 2번 곱한 수	100÷7=14…2	2	월
10을 3번 곱한 수	1000÷7=142…6	6	금
10을 4번 곱한 수	10000÷7=1428…4	4	수
10을 5번 곱한 수	100000÷7=14285…5	5	목
10을 6번 곱한 수	1000000÷7=142857…1	1	일
10을 7번 곱한 수	10000000÷7=1428571…3	3	화
10을 8번 곱한 수	100000000÷7=14285714…2	2	월
10을 9번 곱한 수	1000000000÷7=142857142…6	6	금
10을 10번 곱한 수	10000000000÷7=1428571428…4	4	수
10을 11번 곱한 수	100000000000÷8=14285714285…5	5	목

나머지는 1-3-2-6-4-5 라는 6개의 숫자가 계속 반복되고 있어요.

10을 100번 곱한 수니까 100을 6으로 나누면 100÷6 = 16…4예요. 그렇다면 네 번째 숫자인 6, 10^{100} 후의 요일, 즉 금요일입니다.

	일	월	화	수	목	금	토
나머지	1	2	3	4	5	6	0

코딩으로 풀자

문제 빵이는 주기성을 알면 복잡한 숫자가 나오는 문제도 쉽게 해결할 수 있다는 것을 알게 되었어요.

오늘로부터 365일 후의 빵이의 생일은 무슨 요일일까요? (단, 오늘은 토요일)

---

1 변수를 입력하는 방법 알아보기

변수는 아래 그림에서 빨간색 동그라미 부분을 뜻합니다. 알고 싶은 요일이 언제인지 알 수 있도록 표시해 줍니다.

(1) 변수 설정하기

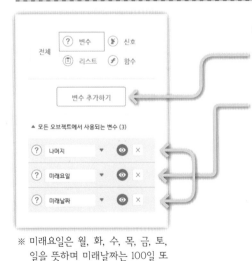

※ 미래요일은 월, 화, 수, 목, 금, 토, 일을 뜻하며 미래날짜는 100일 또는 200일 후와 같은 숫자를 의미합니다.

① 엔트리 장면에서 '속성' 탭에 들어갑니다.

② '변수 추가하기'를 눌러 '?' 칸에 변수 이름 각각 3가지 입력합니다.

③ 미래 날짜와 미래 요일, 나머지 출력값을 볼 수 있습니다.

---

2 코딩을 위한 블록 알아보기

세 가지 블록 ? 자료 ⋏ 흐름 ⋎ 판단 카테고리에서 필요한 블록에 대해 알아봅시다.

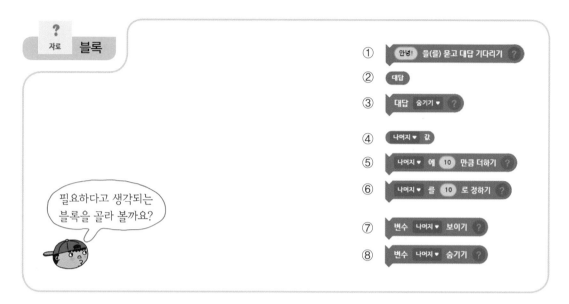

• 기본 명령어 설정하기

➜ 1번 블록의 '안녕' 탭을 클릭한 뒤 블록을 변형하여 봅시다.

➜ 2번 + 6번 블록을 조합하여 다음과 같이 만들어 봅시다.

➜ 6번 블록을 '나머지' 탭을 열어 다음과 같이 만들어 봅시다.
  모든 요일이 필요하므로 7개를 만듭니다.

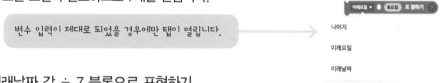

변수 입력이 제대로 되었을 경우에만 탭이 열립니다.

나머지
미래요일
미래날짜

• 미래날짜 값 ÷ 7 블록으로 표현하기

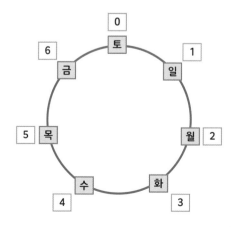

➜ 6번, 4번 블록, 그리고 나누기 블록을 조합하여 나타낼 수 있습니다.

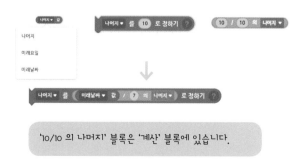

'10/10 의 나머지' 블록은 '계산' 블록에 있습니다.

•조건 블록 사용하여 나머지값 정의하기

➔ '흐름' 블록에서 가장 많이 사용하는 조건을 나타내는 블록입니다.
이 조건을 활용하여 나머지에 따른 요일을 나타낼 수 있습니다.

➔ 문제에 제시된 '오늘'은 토요일입니다.
따라서 나머지가 1일 때는 미래요일이 일요일,
나머지가 2일 때는 월요일,
나머지가 3일 때는 화,
나머지가 4일 때는 수,
나머지가 5일 때는 목,
마지막으로 나머지가 6일 때는 토요일이 됩니다.

판단 블록

➔ '참' 부분을 `10 · 10` 블록을 활용하여 나머지 = 0,
나머지 = 1, 나머지 = 2, 나머지 = 3, 나머지 = 4,
나머지 = 5, 나머지 = 6으로 바꿀 수 있습니다.

➔ '자료' 탭에 있는 블록과 함께 조합하여 다음과 같이 블록
을 만들어 봅시다.

➔ 나머지 1부터 0까지의 모든 요일의 블록을 만들어 봅시다.

지금까지 알아본 블록을 순서에 맞게 배열하여 봅시다.

시작하기 버튼을 클릭했을 때

며칠 후 요일을 알고 싶으세요? 을(를) 묻고 대답 기다리기

미래날짜 ▾ 를 대답 로 정하기
나머지 ▾ 를 (미래날짜 ▾ 값 / 7 의 나머지 ▾) 로 정하기

미래날짜 ▾ 값 과(와) 일 후는 를 합치기 과(와) 미래요일 ▾ 값 를 합치기 을(를) 말하기

만일 나머지 ▾ 값 = 1 이라면
  미래요일 ▾ 를 일요일 로 정하기
만일 나머지 ▾ 값 = 2 이라면
  미래요일 ▾ 를 월요일 로 정하기
만일 나머지 ▾ 값 = 3 이라면
  미래요일 ▾ 를 화요일 로 정하기
만일 나머지 ▾ 값 = 4 이라면
  미래요일 ▾ 를 수요일 로 정하기
만일 나머지 ▾ 값 = 5 이라면
  미래요일 ▾ 를 목요일 로 정하기
만일 나머지 ▾ 값 = 6 이라면
  미래요일 ▾ 를 금요일 로 정하기
만일 나머지 ▾ 값 = 0 이라면
  미래요일 ▾ 를 토요일 로 정하기

엔트리봇

시작하기 버튼을 클릭했을 때
며칠 후 요일을 알고 싶으세요? 을(를) 묻고 대답 기다리기
미래날짜 ▾ 를 대답 로 정하기
나머지 ▾ 를 (미래날짜 ▾ 값 / 7 의 나머지 ▾) 로 정하기
만일 나머지 ▾ 값 = 1 이라면
  미래요일 ▾ 를 일요일 로 정하기
만일 나머지 ▾ 값 = 2 이라면
  미래요일 ▾ 를 월요일 로 정하기
만일 나머지 ▾ 값 = 3 이라면
  미래요일 ▾ 를 화요일 로 정하기
만일 나머지 ▾ 값 = 4 이라면
  미래요일 ▾ 를 수요일 로 정하기
만일 나머지 ▾ 값 = 5 이라면
  미래요일 ▾ 를 목요일 로 정하기
만일 나머지 ▾ 값 = 6 이라면
  미래요일 ▾ 를 금요일 로 정하기
만일 나머지 ▾ 값 = 0 이라면
  미래요일 ▾ 를 토요일 로 정하기
미래날짜 ▾ 값 과(와) 일 후는 를 합치기 과(와) 미래요일 ▾ 값 를 합치기 을(를) 말하기 ▾

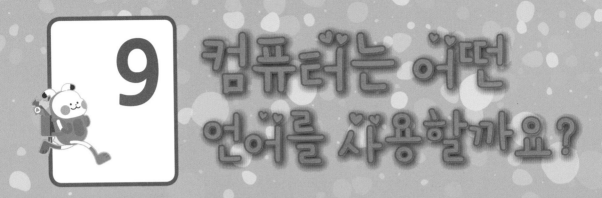

9 컴퓨터는 어떤 언어를 사용할까요?

책 읽는 것을 좋아하는 빵이는 컴퓨터에 관한 책을 읽다가 잠이 들었어요.
빵이는 "컴퓨터는 모든 수를 0과 1로만 이해한다."는 부분이 특히 인상 깊었어요.

주기성

❶ 수학으로 풀자

❷ 코딩으로 풀자

꿈속에서 빵이는 새학년이 되어 6학년 교실을 찾아가고 있었어요. 6학년 다섯개 반 중에서 2반을 찾으려고 하는데, 교실 안내 표시가 이상한 그림으로 되어 있는 거예요.
빵이의 꿈 속에서는 어떤 일이 벌어지고 있을까요?

수학으로 풀자

빵이의 꿈속에서는 교실 안내 표시가 다음과 같이 이상한 그림으로 되어 있었습니다.

① ☐☐☐☐☐☐●●○ 학년   ☐☐☐☐☐☐☐☐☐● 반
② ☐☐☐☐☐☐●●○ 학년   ☐☐☐☐☐☐☐☐●○ 반
③ ☐☐☐☐☐☐●●○ 학년   ☐☐☐☐☐☐☐☐●● 반
④ ☐☐☐☐☐☐●●○ 학년   ☐☐☐☐☐☐☐●○○ 반
⑤ ☐☐☐☐☐☐●●○ 학년   ☐☐☐☐☐☐☐●●● 반

빵이는 한참을 헤매다가 세 번째 교실로 들어갔어요.

친구들에게 "이 교실은 몇 학년 몇 반이야?"라고 물었더니 보라가 "빵이야, 여기는 6학년 3반이야." 하고 대답했어요.

☐☐☐☐☐☐☐●●○ = 6

☐☐☐☐☐☐☐☐●● = 3

빵이는 어리둥절해하면서 잠에서 깼어요. 하지만 꿈에서 본 표시가 신기해 그 규칙을 찾아보기로 했어요.

꿈에서 본 표시들의 규칙을 찾아보자.

각 그림이 의미하는 숫자는 아래와 같습니다.

	1	2	3	4	5	6	7	8	9	10
1 =										●
2 =									●	○
3 =									●	●
4 =								●	○	○
5 =								●	○	●
6 =								●	●	○
7 =								●	●	●
8 =							●	○	○	○
9 =							●	○	○	●
10 =							●	○	●	○

여러분은 숫자가 만들어지는 규칙을 발견했나요?

풀어 볼까요?

10개의 칸이 의미하는 숫자가 무엇일지 예상하여 써 보세요.

10개의 칸이 의미하는 숫자는 다음과 같습니다.

2×2×2 ×2×2×2 ×2×2×2	2×2×2 ×2×2×2 ×2×2	2×2×2 ×2×2×2 2×2	2×2×2× 2×2×2	2×2×2× 2×2	2×2× 2×2	2×2×2	2×2	2×1	1

이것은 다음과 같이 표현할 수도 있습니다.

2^9	2^8	2^7	2^6	2^5	2^4	2^3	2^2	2^1	1

빵이는 꿈에서 알게 된 그림이 신기해서 선생님께 말씀드렸습니다. 선생님은 "빵이가 컴퓨터 책을 읽더니 이진수와 관련된 꿈을 꾸었구나. 아래 규칙에 따라 그림을 읽으면 컴퓨터의 언어인 이진수로 바꿀 수 있어."라고 말씀하셨습니다.

● = 1, 아무 표시도 없는 것 = 0

그래서 선생님이 가르쳐 주신 규칙에 따라 그림을 읽었더니 이진수로 변했습니다.

십진수   이진수

십진수	이진수
1 =	$1_{(2)}$
2 =	$10_{(2)}$
3 =	$11_{(2)}$
4 =	$100_{(2)}$
5 =	$101_{(2)}$
6 =	$110_{(2)}$
7 =	$111_{(2)}$
8 =	$1000_{(2)}$
9 =	$1001_{(2)}$
10 =	$1010_{(2)}$

그렇다면 10칸짜리 그림에서 표현할 수 있는 가장 큰 수는 무엇일까요?

그림으로 표현하면   ● ● ● ● ● ● ● ● ● ●

이진수로 나타내면 $1111111111_{(2)}$

십진수로 나타내면 $2^9 + 2^8 + 2^7 + 2^6 + 2^5 + 2^4 + 2^3 + 2^2 + 2^1 + 2^0 = 1023$

풀어 볼까요?

• 십진수인 13을 이진수로 바꿔 볼까요?

• 이진수 $10011_{(2)}$을 십진수로 바꿔 볼까요?

코딩으로 풀자

문제 불이 켜진 전구 💡 = ●(1) , 불이 꺼진 전구 💡 =○(0)으로 생각할 때 4칸짜리 그림에서 표현할 수 있는 십진수에는 어떤 것들이 있는지 코딩으로 알아볼까요?

1 오브젝트에서 '전구' 모양 추가하기

이번 코딩에서는 전구 모양의 오브젝트가 있어야 합니다. 엔트리에서 전구 오브젝트를 찾는 법을 알아봅시다.

① 첫 화면에서 '+' 버튼을 클릭하여 오브젝트 추가 버튼을 엽니다.

② 오브젝트 중에서 '물건' 카테고리를 클릭하여 전체를 봅니다.

③ 전구 모양을 클릭하여 선택합니다. 네 번 클릭해서 선택하도록 합니다. (한 개만 선택해서 오브젝트 복제를 하는 방법도 있습니다.)

④ 전구 오브젝트에 '모양' 탭에 들어가면 2가지 형태(전구 정답, 전구 흑백)가 있습니다. 이 두 가지로 불꺼짐, 켜짐을 표현할 수 있습니다.

※ 오브젝트 복제하기
오브젝트를 하나하나 추가하는 방법도 있지만 마우스 우클릭을 통해 복사 & 복제하는 방법도 있습니다. 앞으로 블록 코드 복사에 꼭 필요한 기능이니 알아두도록 합니다.

'수학으로 풀자'에서 익힌 이진수의 자릿값을 다음 ☐ 안에 써 보도록 합니다.

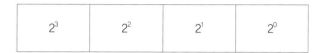

2^3	2^2	2^1	2^0

각 자리의 수를 자연수로 고쳐 보고 각각의 자리에 전구 이름을 입력합니다.

8	4	2	1

전구 8   전구 4   전구 3   전구 1

각각의 자리의 전구에 불이 들어오면 해당되는 수만큼 더해 나가며 전구에 불이 꺼질 경우에는 더하지 않습니다. 예를 들어 숫자를 이렇게 표현할 수 있습니다.

1) 8을 표현할 경우

2) 12를 표현할 경우

3) 13을 표현할 경우

4) 15를 표현할 경우

자릿수에 불이 켜질 경우 더하기, 자릿수에 불이 꺼질 경우 빼기, 이것이 블록 코딩의 핵심 개념입니다.

(1) '시작' 블록 입력

➔ '시작 버튼을 클릭했을 때'로 하지 않는 것은 각각의 전구에 클릭 입력값을 주어야 10진수가 전구의 점등으로 표현되기 때문입니다.

(2) '흐름' 블록 입력

➔ '만일 참 ~ 아니면' 블록을 사용하여 전구가 불이 켜질 경우 또는 꺼질 경우를 판단하여 각각의 입력값이 다른 경우를 생각할 수 있도록 합니다.

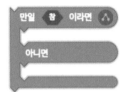

(3) '계산' 블록과 '판단' 블록 조합하여 입력하기

전구의 모양 번호 1 = 켜짐
전구의 모양 번호 2 = 꺼짐

➔ 위 (2)번의 '참' 부분에 전구 모양 번호에 따른 조건을 입력해야 합니다.

➔ '계산' 블록에 들어가서 표시된 블록을 '전구'의 '모양 번호'로 변경하도록 합니다.

➔ '판단' 블록의 표시된 블록을 이용, 변경하여 전구의 모양 번호 판단 블록을 만들어 봅니다.

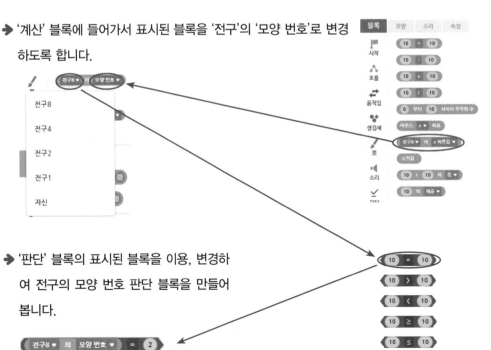

(4) '시작'과 '흐름' 블록 조합하기

➔ 각각의 전구1, 2, 4, 8에 코딩 블록을 입력합니다. 전 단계에서 배운 '복사하기' 기능을 이용한 뒤 전구 이름만 바꾼다면 손쉽게 입력할 수 있습니다.

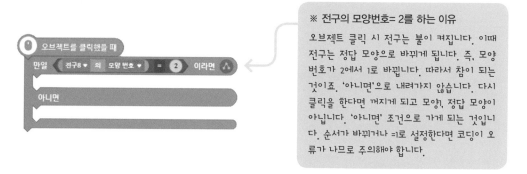

※ 전구의 모양번호= 2를 하는 이유

오브젝트 클릭 시 전구는 불이 켜집니다. 이때 전구는 정답 모양으로 바뀌게 됩니다. 즉, 모양 번호가 2에서 1로 바뀝니다. 따라서 참이 되는 것이죠. '아니면'으로 내려가지 않습니다. 다시 클릭을 한다면 꺼지게 되고 모양, 정답 모양이 아닙니다. '아니면' 조건으로 가게 되는 것입니다. 순서가 바뀌거나 =1로 설정한다면 코딩이 오류가 나므로 주의해야 합니다.

(5) 변수 '10진수값' 추가하기

➔ 전구의 모양 변화에 따른 10진수의 표현 값을 알기 위해 '속성' 탭에서 '변수'를 추가합니다. 본격적인 계산 코딩 입력 전에 꼭 필요한 단계입니다.

(6) 전구에 '생김새'와 '자료' 블록 입력하기

➔ '생김새' 블록에 들어가 전구 모양에 따른 계산값 입력을 시작합니다. 우선 전구 정답, 흑백 모양에 따라 두 가지 블록을 지정합니다.

→ 위의 (5) 변수 입력을 제대로 했을 경우 '자료' 블록에 들어가 보면 '10진수값'과 관련된 블록들이 보입니다. 이 중에서 '10진수값을 10로 정하기' 블록을 선택하여 변형합니다.

※ '10진수 값을 10진수 값 ± 자릿수' 변경하는 법
'계산' 블록의 더하기, 빼기 블록과 '자료' 블록의 10진수값, 십진수값 10로 정하기 블록을 조합하여 만들 수 있습니다.

(7) 각각의 전구에 더하고 빼야 하는 값 설정하기

전구 8   전구 4   전구 3   전구 1

'전구8' 의 경우는 자릿수가 8, ± 8의 값을 입력
'전구4' 의 경우는 자릿수가 4, ± 4의 값을 입력
'전구2' 의 경우는 자릿수가 2, ± 2의 값을 입력
'전구1' 의 경우는 자릿수가 1, ± 1의 값을 입력합니다.

➜ 이를 코딩으로 나타내면

❹ 완성된 코딩 복사하여 각각의 전구에 붙여 넣기

　각각의 전구에 따로따로 코딩을 하지 않고 하나의 전구 코드가 완성되면 '코드 복사 → 붙여넣기' 기능을 이용하여 4번 반복하지 않도록 합니다.

⑤ 완성된 블록 알아보기

어떤 자리 전구의 코드일까요? 알맞은 전구에 색칠해 봅시다.

전구 8 　　 전구 4 　　 전구 3 　　 전구 1 　　　　 전구 8 　　 전구 4 　　 전구 3 　　 전구 1

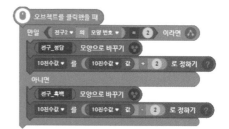

전구 8 　　 전구 4 　　 전구 3 　　 전구 1 　　　　 전구 8 　　 전구 4 　　 전구 3 　　 전구 1

참고문헌

- 프로그래머 수학으로 생각하라, 유키히로시, 프리렉(2014)
- 초등수학교육의 이해, 강문봉 외, 경문사(2014)
- 초등학교 수학과 교재연구와 지도법, 김성준 외, 동명사(2013)
- 초능력보다 코딩, 양나리 외, 계림북스(2016)
- 컴퓨터와 코딩, 로지 디킨스, 어스본코리아(2016)
- 초등학교 수학 교과서 5-1, 교육부(2016)
- 초등학교 수학 교과서 5-2, 교육부(2016)
- 초등학교 수학 교과서 6-1, 교육부(2016)
- 초등학교 수학 교과서 6-2, 교육부(2016)
- 초등학교 수학 교사용 지도서 5-1, 교육부(2016)
- 초등학교 수학 교사용 지도서 5-2, 교육부(2016)
- 초등학교 수학 교사용 지도서 6-1, 교육부(2016)
- 초등학교 수학 교사용 지도서 6-2, 교육부(2016)

엔트리는 커넥트재단에서 만든 비영리 소프트웨어 교육 플랫폼입니다.
본 도서는 엔트리에서 공개한 로고와 캐릭터를 사용하여 제작하였습니다.

집필진

○ **윤경란**_현)명인초등학교 교사
　　경인교육대학교 초등교육 전공, 한국교원대학교 대학원 초등과학교육(석사)

○ **이휴환**_현)우정초등학교 교사
　　경인교육대학교 초등영어교육과

○ **노은혜**_현)원천초등학교 교사
　　경인교육대학교 초등교육 전공, 경인교육대학교 대학원 수학영재교육(석사)

○ **김종진**_현)옹정초등학교 교사
　　경인교육대학교 초등교육 전공

○ **황병욱**_현)전곡고등학교 교사
　　한국교원대학교 대학원 컴퓨터교육학(석사)

○ **오승균**_현)미래융합연구원 원장
　　전기교육공학 전공, 교육학 박사

개발진

개발 책임 | 오승균　　**기획** | 홍군표　　**편집·디자인** | 미래융합연구원 편집부　　**삽화** | 유남영

초판 1쇄	인쇄 2019년 3월 15일 발행 2019년 3월 20일
지은이	윤경란, 이휴환, 노은혜, 김종진, 황병욱, 오승균
발행인	박형규
발행처	미래융합연구원
출판등록번호	제2015-000011호
등록일자	2013년 9월 5일
등록된 곳	서울시 용산구 한강대로 84길 21-17
대표전화	02-872-3008
팩스	02-872-3009
홈페이지	http://www.aioc.kr
이메일	aic@aioc.co.kr
유통	생각을담는어린이(T. 02_2616-2683 F. 02_2613-2685)
ISBN	979-11-951314-3-3 (63000)

값 13,000원